稻盛和夫经营实录 第4卷

卓越企业的经营手法

[日] 稻盛和夫 著　京瓷株式会社 编　过立门 译　曹岫云 审校

繁栄する企業の経営手法

机械工业出版社
CHINA MACHINE PRESS

图书在版编目（CIP）数据

卓越企业的经营手法 /（日）稻盛和夫著；日本京瓷株式会社编；过立门译 . —北京：机械工业出版社，2018.3（2024.6 重印）

（稻盛和夫经营实录）

ISBN 978-7-111-59325-6

I. 卓… II. ①稻… ②日… ③过… III. 企业管理－经验－日本－现代 IV. F279.313.3

中国版本图书馆 CIP 数据核字（2018）第 043092 号

北京市版权局著作权合同登记　图字：01-2018-0185 号。

INAMORI KAZUO KEIEI KOEN SENSHU（4）
HANEI SURU KIGYO NO KEIEI SHUHO
By KAZUO INAMORI
Copyright © 2016 KAZUO INAMORI
Simplified Chinese Translation Copyright © 2018 by China Machine Press.

Simplified Chinese translation rights arranged with Diamond,Inc. through Bardon-Chinese Media Agency. This edition is authorized for sale in the Chinese mainland (excluding Hong Kong SAR, Macao SAR and Taiwan).

No part of this book may be reproduced or transmitted in any form or by any means, electronic or mechanical, including photocopying, recording or any information storage and retrieval system, without permission, in writing, from the publisher.

All rights reserved.

本书中文简体字版由 Diamond,Inc. 通过 Bardon-Chinese Media Agency 授权机械工业出版社在中国大陆地区（不包括香港、澳门特别行政区及台湾地区）销售。未经出版者书面许可，不得以任何方式抄袭、复制或节录本书中的任何部分。

卓越企业的经营手法

出版发行：机械工业出版社（北京市西城区百万庄大街 22 号　邮政编码：100037）
责任编辑：刘新艳
责任校对：殷　虹
印　　刷：河北宝昌佳彩印刷有限公司
版　　次：2024 年 6 月第 1 版第 9 次印刷
开　　本：130mm×185mm　1/32
印　　张：12.5
书　　号：ISBN 978-7-111-59325-6
定　　价：79.00 元

客服电话：(010) 88361066　68326294

版权所有·侵权必究
封底无防伪标均为盗版

21世纪初：打开新发展的大门

"不让经营之舵偏离，把企业引向正确的道路，这是经营者义不容辞的使命。这时候，我认为成为指南针的就是领导企业经营的经营者的哲学和思维方式。"

動機善なりや
私心なかりしか

稲盛和夫

推荐序

一灯照隅　万灯照世

判断基准是哲学核心

从2005年开始,我花了大约一年时间,写了《稻盛和夫成功方程式》这本书。为此,我认真阅读了当时可以找到的稻盛先生所有的著作和讲演。承蒙稻盛先生亲自推荐,这本书还用日文在日本出版并畅销。

从2009年开始,我又翻译和编译了稻盛先生的《活法》《干法》等21部著作。可以说,我对稻盛先生的思想和语言已经相当熟悉了。尽管如此,在翻译(和审译)"稻盛和夫经营实录"系列著作的时候,我仍然常常情不自禁地拍案叫绝,感动不已。我想,这是因为书中跃动着的活的灵魂触及了我的心弦。

稻盛先生是企业家中的哲学家。他心中总是持有两种互相对立的思想，并随时都能正常地发挥两者各自的功能。这就是哲学和哲学家的魅力。

"稻盛和夫经营实录"系列从20世纪70年代开始，跨越了40余年，包括《赌在技术开发上》《利他的经营哲学》《企业成长战略》《卓越企业的经营手法》《企业家精神》《企业经营的真谛》共6本书，涉及经营和人生的方方面面，内容非常丰富。

内容虽然丰富，但是稻盛哲学的核心可以浓缩为一句话，"判断事物的基准是：作为人，何谓正确"。换一种说法就是，把善恶而不是得失作为判断和行动的基准。

这一哲学贯穿在该系列55篇讲演的每一篇中，让每一篇都成为经典，使人读之如沐春风。

"一言兴邦"，破产重建的日航，就因为32 000名员工学习、掌握并实践了这一哲学，仅仅1年便起死回生，经营业绩连续6年在全世界航空业遥遥领先。在实现全体员工物质和精神两方面幸福的同时，日航对客户、对社会做出了贡献。

可以设想，如果全世界的人都实践"作为人，何谓正确"这一哲学，那么人类将会升华，人类社会将会进入更高阶段的文明。

MBA 的缺陷

1982年,通过选拔考试,我被国家经济贸易委员会派往日本东京的生产性本部学习企业诊断。学习内容主要是科学管理的分析技术和技法,基本上就是 MBA 的那一套,比如对作业人员的工作乃至动作进行细致的分析测定,对生产工序进行观察分析,对设备运转率进行测定分析,对产品和市场进行细分以及对企业的收益性、成长性、安全性等进行财务分析,等等。

在计划经济时代,中国企业都是全民所有制或集体所有制,用的是所谓传统的管理方法。当时适逢改革开放之初,随着市场竞争机制的导入,对于这一套生产管理、质量管理、目标管理、精益管理等的技术技法,大家觉得很新鲜。后来如雨后春笋般,各种商学院都教这些课程,大同小异。

但是,这一整套从西方,主要是从美国引进的科学的分析技法有一个缺陷。依靠这些分析技法,并不能分析出企业家为什么要办企业,企业的根本目的是什么,也分析不出企业家应有的人生观、价值观乃至企业家的人格,更分析不出企业员工的意识状况,而这些对于企业经营至关重要。现在我们的企业里发生的各种问题,乃至许多闻名世界的大企业发生的舞弊丑闻，其根本原因就在这里。这不是什么科学或科学水平高低的问题，而是有没有正确的企业哲学的问题。

特别在2008年，发端于美国的金融风暴席卷全球。这场危机的本质是贪得无厌的资本主义的暴走狂奔。资本主义的精英们使用现代最尖端的金融技术，靠所谓虚拟经济，以钱生钱，追求自身利益的最大化，结果造成了世界性的经济混乱和萧条。

自由竞争的市场原理、股东利益的最大化以及绩效主义，一方面搞活了经济，促进了社会的发展；另一方面，刺激了人的欲望，造成了严重的贫富差异，制造了社会动荡的根源。高度膨胀的利己主义、拜金主义在破坏人心的同时，也破坏了环境。在企业里，过度的绩效考核往往把人和人之间的关系变成了赤裸裸的、庸俗的金钱关系。

传统文化的局限

在以西方为代表的资本主义文明出现严重危机的时候，有人就想从东方文化，特别是从中国传统文化的儒释道中寻找出路，于是出现了"国学热"，现在方兴未艾。

中国几千年悠久的历史孕育了灿烂的文化，其中蕴含着巨大的智慧。特别是在正确的为人之道、致良知等方面，我们的古圣先贤有非常精辟的见解。这些教诲对于校正浮躁喧嚣的现实社会，具有深远的意义。

同时，在几千年封建皇帝的独裁统治下，我们的经济非常落后。在原始的、自给自足的自然经济条件下，我们没有也不可能产生现代意义上的企业这种组织形式，缺乏科学、民主和创新的元素。当然，我们也没有企业管理方面的科学，没有企业经营的哲学和实学，更没有经营十二条、会计七条、阿米巴经营，但这些是我们的企业家最需要的东西。另外，用难懂的文言义来教育企业的员工，改变他们的意识，事实上有很大困难。

稻盛哲学是集古今一切优秀文化之大成，应用于现代企业经营取得卓越成功的典范，是现代商业社会的儒释道。它把"作为人，何谓正确"，也就是把"是非善恶"作为判断一切事物的基准，在追求全体员工物质和精神两方面的幸福的同时，为人类社会的进步发展做出贡献。另外，稻盛说的都是大白话，简单朴实，易于为普通员工理解和接受。

卓越的社会实验

京瓷、KDDI 以及日航共计约 13 万名员工，已经在某种程度上实现了全体员工物质和精神两方面的幸福，并通过技术、服务、税金以及他们成功的哲学实践，对人类社会做出了巨大贡献。

这是伟大的社会实验。几千年来，古今中外先贤圣人描绘的理想社会，在稻盛那里变成了现实，这是前无古人的。星星之火，可以燎原。如果我们从稻盛哲学和它的实践中获得启示，并把我们与生俱来的良知发扬光大，我们就可以成为一个个"小稻盛"，就能把自己的企业做得更好，让员工更幸福，对社会多做贡献。

"一灯照隅是国宝"，一个行业中只要出现一家实践稻盛哲学和实学的成功典范，就可能改变整个行业的风气。"一灯照隅，万灯照世"，如果有一万家企业实践良知经营并获得成功，就能改变整个商业文明的走向——从利己的文明走向利他的文明。

如果不改变人类这个利己主义的文明的走向，人类将没有未来！

稻盛和夫（北京）管理顾问有限公司董事长曹岫云

2017年5月10日

前　言

　　2015年是日本企业舞弊丑闻多发的一年。在产品及其性能方面造假，欺骗消费者，这类事件在国内外接连发生。甚至代表日本的、具备历史传统的大企业中，也有做假账、用虚假的财务报表来蒙骗股东和社会的事例，其真相已大白于天下。窜改经营数字，美化财务报表，让它"漂亮好看"，这样的行为是无法容忍的。

　　我想，经营企业可以比作驾驶飞机。也就是说，驾驶舱里有一排仪表盘，飞行员必须时时刻刻看着这些仪表盘上的数字，掌握飞行的状况，以便驾驶飞机到达指定的目的地。在企业经营中，经营者相当于飞行员，而仪表盘相当于损益计算表等经营资料。

　　经营者有必要经常审阅经营资料中的数字，据此采取相应的措施。但是，如果这些数字不能正确反映企业经营的实态，经营者就不知道该采用什么办法来改善经营，提升业绩。

及时掌握真实的经营状况，努力改进，提升业绩，这种勤勤恳恳、扎扎实实的活动才叫经营。只要这种经营活动卓有成效，就能扩大销售，增加利润，作为结果，财务报表就会"漂亮好看"。

《卓越企业的经营手法》这本书，挑选出了我在21世纪初的讲演中有关具体经营手法方面的内容，包括在实践经营的要诀"销售最大化，费用最小化"时不可或缺的京瓷会计学，以及我独创的"阿米巴经营"这一经营管理的手法。

为了实现员工的幸福，所以要把企业做大做好。作为经营者如果你是认真的话，那么，你就会努力去理解实用性的会计学，就会努力去构筑能够把握经营实态的管理会计体制。我衷心期待本书能够成为真挚的经营者的"入门指南"。

"稻盛和夫经营实录"是我身为经营者半个多世纪以来，不休不止、向前迈进留下的足迹。道路决非平坦，尽是险峻山坡，但是我咬紧牙关，奋勇向前，马不停蹄，一路走到今天。我之所以能做到这一点，无非因为经营的目的是：为了实现全体员工物质和精神两方面的幸福，为了促进人类社会的进步发展，也就是实现利他的心愿。如此而已。

本书的宗旨也是一样。虽然我是应时应地，有感而发，但真挚经营企业的经营者，以及各种组织的领导人，如果能够读一读这本书，我将感到十分荣幸。阅读本书的朋友能够更好地经营企业，让更多的人获得幸福，并由此让社会变得更好。这就是我衷心的期盼。

稻盛和夫
2016 年 4 月

目 录

推荐序

前言

如何实践销售最大化,费用最小化 / 1

在盛和塾中部东海地区联合塾长例会上的讲话
——2004 年 5 月 18 日

    加入盛和塾的目的 / 2

    明确事业的目的和意义 / 3

    销售最大化,费用最小化 / 6

    组织应该如何划分 / 7

    销售部门的损益管理 / 10

    看着账簿科目经营 / 16

    制造部门的损益管理 / 19

    设定具体目标 / 23

    目标共有 / 25

    从损益计算表中读懂现场的一切 / 29

    损益计算表是"驾驶仪表盘" / 32

    切磋琢磨者聚集的"盛和塾" / 34

打造具备"漂亮财务报表"的企业 / 43
在盛和塾关西地区联合塾长例会上的讲话
——2005年1月17日

    京瓷的财务报表凝缩了极度认真的经营姿态 / 44
    资产负债表反映企业的健康状态 / 45
    为了打造筋肉坚实的企业体质（一）
      采用自主使用年限 / 50
    为了打造筋肉坚实的企业体质（二）
      陶瓷石块论 / 54
    为了打造筋肉坚实的企业体质（三）
      采用售价还原成本法 / 57
    追求企业的理想状态 / 59

解读《稻盛和夫的实学》：依据原理原则，
  追究事物本质 / 63
在"鹿儿岛大学京瓷经营讲座"上的讲演
——2002年12月11日、2003年7月7日

    无论家庭、企业还是国家都要了解会计 / 64
    想要知道的是会计的本质，以及在背后起作用的原理 / 73
    依据原理原则，合理地理解会计 / 80
    用经营和会计的原则思考折旧 / 87
    追求事物本质的禀性在企业会计中也能发挥作用 / 94
    不对的事情就说不对 / 97
    判断不拘泥于常识 / 101

解读《稻盛和夫的实学》：我的会计学与经营 / 115
鹿儿岛大学京瓷经营学讲座
——2003 年 7 月 7 日、10 月 8 日

　　经营的根本 / 116
　　定价左右经营 / 125
　　"夜间面条摊贩的经营"是经营的原点 / 132
　　不懂经营原点的二代、三代经营者 / 134
　　不论什么事业，都可以靠才智和钻研获得成功 / 137
　　对损益计算表的科目明细要实时关注 / 140
　　根据资产负债表感知企业的健康状况 / 149

阿米巴经营是如何诞生的 / 161
在盛和塾东日本忘年塾长例会上的讲话
——2009 年 12 月 15 日

　　阿米巴经营是如何诞生的 / 162
　　成功经营企业所需要的经营管理体制 / 164
　　划分成小组织，采用独立核算：阿米巴经营的
　　　结构 / 168
　　运用上的问题如何解决 / 180
　　迅速而灵活地应对市场变化：阿米巴经营的特长 / 186

超越经济变动，实现企业持续发展 / 199
在第 18 届中外管理官产学恳谈会上稻盛的讲演
——2009 年 11 月 2 日

如何超越经济变动 / 200
　　频繁变动的日本战后经济产业史 / 201
　　慎重坚实的经营引导企业持续发展 / 206
　　因谨慎的性格实现了无贷款经营 / 208
　　高收益带来三种力量 / 211
　　企业长期的稳定优先于 ROE / 215
　　利他之心引领企业不断发展 / 217
　　纯粹的、高尚的思想导致第二电电的成功 / 220
　　致力于善事,伟大之力自然加持 / 224
　　为了引导企业走上正道 / 226

把萧条视为再发展的飞跃台 / 231
在清华大学经济管理学院的讲演
——2009 年 6 月 9 日

　　在萧条时如何执掌经营之舵 / 232
　　以积极开朗的态度面对难局 / 233
　　高收益就是最佳预防策略 / 234
　　风暴中执掌经营之舵:应对萧条的五项对策 / 237
　　石油危机的经验 / 249
　　每次克服萧条都巩固了经营的基础 251

珍惜灵感 / 257
在"论谈塾"上的讲话
——2008 年 5 月 29 日

　　珍惜灵感就能带来人生的硕果和企业的发展 / 258

进入公司后，因为不得已才开始研发精密陶瓷　/　259
　　从石蜡想到"炒饭方式"　/　262
　　相信能力无限，持续付出不亚于任何人的努力　/　266
　　京瓷进军海外和硅谷的兴起　/　268
　　从"口香糖"灵感产生的新概念　/　271
　　"大胆的灵感"促成京瓷大飞跃　/　273
　　"这才是本命"：多晶硅太阳能电池的开发　/　276
　　神的启示平等赐予每一个人　/　279

企业经营中的"命运"和"因果报应的法则"　/　285
在盛和塾关西地区联合塾长例会上的讲话
——2001年12月3日

　　"命运"和"因果报应的法则"：从《心法：稻盛和夫的哲学》谈起　/　286
　　实例一：三田工业的重建　/　294
　　实例二：救助照相机企业雅西卡　/　302
　　实例三：顺利并购AVX公司　/　304
　　关于"情"和"理"：从《心法：稻盛和夫的哲学》谈起　/　311
　　在中国开展事业的实例　/　319
　　经营为什么需要哲学："中日企业经营哲学国际研讨会"摘录　/　321

以"自利利他"精神进入中国　/　333
野村证券"中国机会研讨会"上的讲演
——2002年6月28日

为什么出现"中国威胁论" / 334
构建中日共同发展的关系 / 339
进入中国不可或缺的"自利利他的精神" / 340
首先保证对方的利益:京瓷进入中国 / 342
日本企业今后应走的道路 / 345
应该把中国看作巨大的市场 / 347
日本企业应该变身为具备商社机能的公司 / 348
用王道文化与对方相处 / 351

日本人的经营能超越国界吗 / 357
在日经·IMD 纽约经营研讨会上的讲演
——2001 年 3 月 5 日

接连从海外撤退的日本企业 / 358
影响企业经营的"文化"差异 / 359
风格迥异的日美欧的经营模式 / 361
不应该否定的日本人的精神性 / 364
"和魂洋才"的经营 / 368
"为对方好":AVX 收购成功的原因 / 372

注:本丛书选取了稻盛和夫从 20 世纪 70 年代至 21 世纪前 10 年(现代)的海量演讲稿件,并加以编辑和整理,其中可能存在故事重复或与当前状况脱节的用语,为了尊重时代背景并体现演讲的临场感,特意保持原汁原味,望各位读者理解。

如何实践销售最大化，费用最小化

在盛和塾中部东海地区联合塾长例会上的讲话
——2004 年 5 月 18 日

本次讲话是塾长在 2004 年三河盛和塾开塾式上的讲话。面对新加入盛和塾的三河塾塾生，稻盛塾长不分行业，以理解入塾目的为题，以损益计算表为工具，讲解具体的经营手法。

加入盛和塾的目的

今天是盛和塾第 56 家分塾三河塾的开塾日，也是三河塾第一次塾长例会。对新加入盛和塾的各位说些什么好呢？我想了很多，塾生企业涉及各种行业，规模大小不一，很难找到共通的话题。新入塾的各位，还有从全国赶来的塾生们，今天我想以能让大家感到"加入盛和塾真好"为题，做开塾讲话。我相信当你们的公司成为优秀企业时，一定会有"入塾真好"的真实感受，这也是我创建盛和塾的唯一理由。今天，我将具体讲解与大家的经营有直接关联的内容。

到目前为止，我接触过许多塾生，其中，有的人并不明白为什么要加入盛和塾。入塾后能与各种各样的塾生互相交流，有人抱着这种模糊的目的，也有人因为觉得参加盛和塾聚会很快乐而加入的。但是，就如我刚才所言，创建盛和塾的目的是为了塾生企业能够成长发展，大家能够拥有"加入盛和塾真好"这样的感觉。

这次各位加入三河盛和塾，我相信你们一定是抱着"让自己的公司变得更好"的想法入塾的。如果公司的经营状况不稳定的话，经营者每天都会忐忑不安。所以，想让公司变好的理由首先是尽早将公司打造成一个能让自己安心的企业。

想让公司变好的第二个理由是，给全体员工一个可以安心工作的场所。员工抱着自豪感，信赖自己的公司，觉得自己工作的公司经营非常出色，有利润，待遇不输于其他公司。在这样的公司里工作，员工感到很骄傲，并从内心深处感受到工作的愉悦。员工向往的公司，一定是诸位想要打造的公司。大家一定想让公司早日成为员工和他们的家人安心生活、值得他们托付的地方。

第三个理由是成为一家为国家和社会做出贡献的企业。既然经营公司，就必须做出利润。利润中将近一半要作为税金缴纳。依靠我们经营企业的利润上交的税金，以及我们从个人所得中交纳的税金，日本这个社会和国家才能正常运转。所以做出利润就是对国家和社会做出贡献。

明确事业的目的和意义

因为是继承父辈、祖父辈创立的家业，公司里还有很多父辈经营时就在的员工和领班，企业正常运转，所以很多人没有特别的目的和志向，茫然地经营着企业。也有人经营企业的目的是想拿更高的报酬，或者是为了增加自己的财产。

像这样毫无目的，或者虽有目的，却是为了满足自己私欲的人，是经营不好公司的。在盛和塾，我依据自己的切身体验告诉大家，把公司经营好，目的是追求全体员工物心两方面的幸福。必须明确经营企业的这种大义名分。

我将"追求全体员工物心两方面幸福的同时，为人类社会的进步发展做出贡献"作为京瓷的经营理念。我拼命经营企业，就是为了让与我一起工作的全体员工能够获得物心两方面的幸福。同时，也能为人类社会的进步发展做出贡献。我矢志不渝，奋斗至今。

各位手中都拿到了经营十二条。其中第一条便是"明确事业的目的和意义"。事业的目的和意义并不是只对自己有利就行，它必须具备大义名分，必须是光明正大的，必须是崇高的。正如刚才所说，应该鲜明地揭示经营企业的目的：为了让包括自己在内的全体员工获得物质和精神两方面的幸福。

首先要打造一个能让全体员工感受到物心双幸福，感受到工作的喜悦，并能心生感谢的公司。员工能够开心地工作，公司就会变成一家优秀的企业，作为结果，也一定能给经营者自身带来幸福。

自己要获得幸福，首先要考虑如何让员工获得幸福，这就是我经常倡导的"利他精神"。让在自己公司里工作的员工获得幸福就是实践"利他"，也是在链接自己的幸福。

同时，通过经营企业，为人类社会的进步发展做出贡献。即使是只有几名员工的公司，它们的企业活动也会以某种形式为地方社会做出贡献。也就是说，即使微不足道，也是在为人类社会的进步发展做贡献。

刚刚所说的是经营企业一开始就要解决的问题。当问大家是为了什么而加入盛和塾时，请一定回答是为了让自己的企业更加出色。进一步问为什么要让自己的企业变得更出色时，请大家一定回答是无论如何也要实现全体员工物心两方面的幸福，同时为人类社会的进步发展做出贡献。

要能够说出"为了让公司成为实现全体员工物心两

方面的幸福，同时为人类社会的进步发展做出贡献的优秀企业，所以我才加入盛和塾"。我希望大家要明确加入盛和塾的这个目的。

销售最大化，费用最小化

那么，要成为一家优秀的企业，具体应该怎么做呢？并不只是像念经一样诵读经营十二条，关键在于要一条一条付诸实践。

经营十二条中的第五条是"销售最大化，费用最小化"，即竭尽全力将销售做到最大，同时尽量控制费用的支出，这是实现出色经营的要诀。

刚才，有一位塾生谈到，他的企业原来是制作渔网产品的，他在感受到渔网产品行业的瓶颈之后，开发了用于防止卸货平台上货物跌落的网状织物，以及防止野猪，野鹿等野生动物侵害农作物的农田覆盖网状织物。

该企业原本只是生产用于捕鱼的渔网，在遇到销售瓶颈时，开始实践经营十二条中的第十条"不断从事创造性的工作"（明天胜过今天，后天胜过明天，刻苦钻研，不断改进，精益求精）。即考虑到网状织物的用途并不仅限于渔网，继而发挥自己的专业特长进行突破，才有了上面所描述的，研发在不同行业中的网状织物产品，实现销售最大化。

又例如，从事超市熟菜批发的事业，要想不断实现销售最大化，就不能简单重复昨天同样的工作。如果擅长菜肴调味，那么将这种技能进行多方面活用，在努力创新之际就有可能在多方面拓展事业。也就是说，销售最大化是指自己不设限，挑战一切可能去增加销售。

组织应该如何划分

诸位塾生中，自己的公司能制作财务报表的，我想销售额一般在10亿日元以上。绝大多数的塾生企业都委托外部税务师事务所和会计事务所制作财务报表。但是，只是委托外部专家的话，不能经营好企业。

因此，今天我想谈一谈过去没有谈过的话题。我想利用损益计算表来与大家探讨经营企业到底应该怎么做。

请看从事制造业的A公司的组织架构图（见图1-1）。所谓组织，是用来观察企业里核算情况的。一家企业必须弄清楚是哪个部门在产生利润，一般来说，企业分为销售、制造和总务。

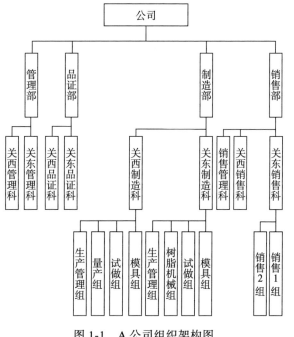

图1-1　A公司组织架构图

从 A 公司的组织架构图来看，首先，公司有销售部门，具体又分为关东销售科和关西销售科，并且在关东和关西两个地方分别设立了营业所。其次，还有对关东、关西两处营业所的销售业务进行管理的销售管理科。

因为 A 公司属于制造业，当然有制造部门，从组织架构图上可以看到在关东和关西分别拥有一个制造工厂。在工厂内部还有诸如模具组、试作组等部门。另外，两个工厂分别设置了品证科和管理科。

整个 A 公司由销售、制造、品证和管理四大部门，以及起统括作用的总部构成。像 A 公司一样，公司必须对组织进行划分。

这些组织都各自进行独立核算。关东的制造科独立核算，其下属的模具组也是独立核算。销售方面，关东和关西各自的营业所也是独立核算。这里所谓的独立核算是指每一个部门都有相对应的损益计算表，从中可以看到各个部门的业绩。

通常，有利润还是没有利润，我们关注的是企业整体，对于企业哪个部门产生利润却不知道，因此，必须明确哪个部门产出了多少利润。

京瓷是一家生产产品的制造业公司，通过制造把产品生产出来，然后通过销售把产品卖出去。这种情况下，为了明确利润出自哪里，有以下两种方法。

其一，销售部门以一定的内部结算价格从制造部门购买生产好的成品，加上利润后销售给市场。此时，销售部门会像贸易公司那样，在尽量压低采购价的同时，想方设法提高卖价，从而获得高利润。这时候虽然是同一个公司，但公司内部的制造部门与销售部门之间经常会发生争执。

其二，由制造部门直接与市场发生交易，销售部门从中获取返点的方法。在京瓷，这个返点就是销售佣金。销售部门在售卖产品时，这个销售佣金率会根据品类的不同而略有不同，大致是销售额的10%，这个返点就是销售部门的收入。

销售部门的损益管理

我们看一下A公司的损益计算表（见表1-1）。

如何实践销售最大化,费用最小化

表 1-1　A 公司损益计算表

制作日期：　　　　　　　　　部门名：销售部　　　　　　　　（单位：日元）
制作者：

[阿米巴经营核算表　实绩]　〇〇年〇月

	关东销售科	关西销售科	销售管理科	销售部合计
订单额	234 373 173	108 196 161	0	342 569 334
总销售额	197 957 127	90 722 683	0	288 679 810
收入合计(收取佣金10%)	19 795 713	9 072 268	0	28 867 981
费用合计	15 769 046	6 805 881	0	22 574 927
人工费	5 466 984	2 301 888	863 208	8 632 080
差旅费	154 876	115 662	7 180	277 718
交通费	779 944	434 061	1 809	1 215 814
接待交际费	55 409	63 158	0	118 567
会议费	28 590	2 000	0	30 590
广告宣传费	14 000	0	0	14 000
通信费	292 937	94 194	15 332	402 463
通信交通费	0	820	381	1 201

	关东销售科	关西销售科	销管理科	销售部合计
工厂消耗品费	0	3 530	3 880	7 410
办公用品费	2 534	88	8 820	11 442
备品·消耗品费	16 480	0	0	16 480
电费	176 476	26 690	9 288	212 454
燃气费	428	0	68	496
水费	0	11 063	0	11 063
保险费	160 003	130 662	25 264	315 929
场地租赁费	21 408	0	3 380	24 788
维修费	10 000	0	0	10 000
福利费	326 284	178 177	51 487	555 948
运费	0	0	0	0
车辆费	416 010	155 140	50 517	621 667
维修检查费	7 400	0	0	7 400
培训费	69 048	0	0	69 048

（续）

管理杂费	0	0		0
折旧费	95 363	66 486	20 668	182 517
出租·租赁费	590 705	369 400	49 800	1 009 905
固定资产清理	0	0	0	0
坏账计提	0	0	0	0
其他费用	25 312	16 217	5 478	47 007
公司内部利息(应收账款)	1 493 970	542 852	0	2 036 822
公司内部利息(固定资产)	63 284	30 498	10 592	104 374
部门公共费	1 119 328	471 296	1 590 624	0
公司公共费	2 481 873	1 044 999	391 872	3 918 744
公司收支公共费	1 900 400	747 000	71 600	2 719 000
经常利润	4 026 667	2 266 387	0	6 293 054
人数	19.0	8.0	3.0	30.0

A公司关东和关西工厂生产的成品由关东营业所和关西营业所进行销售。关东营业所的月销售额约为2亿日元（1.9795亿日元），关西营业所的月销售额约为0.9亿日元（0.9072亿日元）。刚才讲到京瓷的销售佣金率是10%，A公司也是一样，关东营业所获得的返点收入为2000万日元，关西营业所为900万日元。

因为已经确定销售额的10%作为销售部门的收入，所以销售部门要提升自己部门业绩的话，首先需要努力提升销售额。也就是说，销售部门应该将增加销售额作为其工作目标。紧接着销售部门需要思考的课题是在提升销售额的同时如何减少费用的支出。关东营业所从月销售额1.9795亿日元中获得10%的返点，即约2000万日元作为自己部门的收入，就必须关注为了获得这2000万日元收入，支出了多少费用。从实际的部门损益计算表中可以看出，发生了1576万日元的费用。

从费用的组成来看，首先关东营业所19名员工的人工费是546.6万日元，其次销售人员在销售活动中发生的差旅费是15.4万日元，车贴等交通费是77.9万日元，接待交际费为5.5万日元，会议费为2.8万日元，通信费为29.2万日元，电费为17.6万日元，保险费为16万日元，场地租赁费为2.1万日元，修理费为1万日元，福利费为 32.6 万日元，车辆折旧和维护保养费为 41.6 万日元，培训费为 6.9 万日元，固定资产折旧费为 9.5 万日元，复印机租赁费和事务所租金等共计 59 万日元。

正如我现在强调的，费用的具体内容需要如此这般细分列出，必须弄清楚每个月所花费用的明细。

另外，A 公司内部设定了内部利息这一科目，针对赊销债权部分征收利息。针对产品已经销售，货款还未回收的应收账款，征收相应的利息。因为在应收账款未回收之前，如果这部分资金是从银行贷款的话，会发生贷款利息，因此利用公司内部利息的方式对赊销债权部分进行利息征收，目的是促使销售人员提高早日回收账款的意识。

同样，对固定资产也会征收内部利息。企业内部的各个组织使用的固定资产都是企业花钱购入的，因此会按照年利率 6% 对使用部门进行利息的征收。目前银行的贷款利率是 1%~2%，公司内部利率的设定值要高于银行利率。

还有公共费这个科目，指的是总部所花费的费用按照人头进行分摊，关东营业所分担 19 份。或者是按照关东营业所 19 人所发生的总时间征收费用，例如按每小时 200 日元征收。销售部门的公共费是按照人头比例进行分摊的。

将所有这些费用进行合计，算出总费用。销售额扣除总费用后为经常利润。通过计算，我们可以看到 A 公司关东营业所的经常利润是 402 万日元。

这些都是 A 公司内部约定的规则，根据内部规则，关东营业所的收入是自己部门销售额 1.9795 亿日元的 10% 返点，即 1979 万日元。上述所罗列的各项实际费用，即表 1-1 中从人工费科目到公司收支公共费科目，费用合计为 1576 万日元。两者相减后得出的利润是 402 万日元。

看着账簿科目经营

表 1-1 中显示的是 A 公司的月末数据状况。这一般不是由自己公司制作，而是委托外部会计事务所制作的财务损益计算表，账簿科目的表示程度都比较简单。例如，燃气费、水费、电费等并没有进行细分，而是统称为光热费一项。

会计事务所将账簿科目做得比较概括。A公司为什么要将科目做得如此细致呢？因为只有将科目做细，才能让经营者从中找到削减费用的地方，实现费用最小化的目的。

例如，如果知道了一个月的电费是17.6万日元的话，就会思考哪里有浪费电的情况发生。厕所的电灯等所有浪费电的地方都必须关闭电源，这样做，就能从下个月的电费数据中看出效果。

又例如差旅费有15.4万日元。为开展销售活动而乘坐出租车，造成差旅费的大幅度增加，利润减少。是否可以减少乘坐出租车从而降低差旅费呢？接待交际费是否可以减少呢？像这样一个一个科目细致确认，努力削减。这样的作业，对于做到费用最小化是必要的。

很多企业都会委托外部会计事务所或者税务师事务所一年制作一次财务报表。每月由自己公司制作报表的企业为数不多。但是，说实话，企业经营本来必须每个月自己制作财务报表。

然后，要看着这张报表来开展经营。例如，关东营业所的销售科长就要以上月的这张损益计算表为基础，展开经营活动。上月的销售额是1.9795亿日元，自己部门以10%的返点获得了1979万日元的收入,本月需要努力提升销售额,从而使自己部门的收入增加。同时,上月花费的费用为1576万日元,要进行削减。人工费虽然不能轻易削减,但如果人工费中加班费占比很大时,就需要对加班进行管理。再将其他细分的费用科目一个一个确认,上月的通信费用了29万日元,本月尽可能要减少一些通信费。

把科目细化的账本资料放在自己的桌上,看着资料思考本月需要在哪些科目上进行费用削减,并付诸实施。这就是经营十二条中"销售最大化,费用最小化"的意义所在。

"销售最大化,费用最小化"不是像念经一样念了就可以,而是需要大家仔细看,努力提高销售额就可以提高销售佣金,同时减少费用支出,增加利润,这样的实践很重要。

刚才给大家展示的损益计算表,组织架构图上的销售、制造各个部门都要分别制作。如果委托会计事务所或者税务师事务所制作,一定要提出要求:"给社长我看的、我能够使用的经营资料,要分部门制作,而且要每天制作,每天让我们看。我要用这个资料与公司员工一起经营，用它来开展经营活动。"

制造部门的损益管理

接下去我们看A公司制造部门的损益计算表（表1-2）。A公司在关东和关西各有一个制造科。关东制造科的总生产是2.0633亿日元，关西制造科是8234万日元。

关东制造科的月度人工费是4309万日元，关西制造科是1495万日元。人员数分别是关东制造科98名，关西制造科34名。关东制造科的费用合计是1.6075亿日元，总生产2.0633亿日元扣除费用后的部门经常利润是4557万日元。

关西制造科的总生产是8234万日元，扣除费用合计8223万日元后，部门的经常利润只有11万日元。

关东制造科损益计算表中有一个"销售佣金（10%）"的费用科目，即支付给关东营业所的销售佣金由关东制造科承担。如上所述，制造部门委托销售部门销售产品，并以10%为佣金向销售部门支付。对制造部门损益计算表中其他费用科目节约所产生的利润都归于制造部门。

表1-2 A公司制造部门损益计算表

制作日期：　　　　　　部门名：制造部
制作者：

【○○年○月 阿米巴经营核算表 实绩】 (单位：日元)

	关东制造科	关西制造科	制造部合计
总出货	250 985 412	96 547 455	347 532 867
公司对外出货	197 957 127	90 722 683	288 679 810
公司内部采购	53 028 285	5 824 772	58 853 057
公司内部销售	44 649 772	14 203 285	58 853 057
总生产	206 335 640	82 344 170	288 679 810
费用合计	160 759 377	82 233 631	242 993 008
人工费	43 098 214	14 952 442	58 050 656
外包加工费	48 152 698	31 252 177	79 404 875
材料费	1 692 689	5 260 084	6 952 773
工厂消耗品费	3 409 550	1 562 370	4 971 920
维修费	757 480	1 999 050	2 756 530
维修检查费	212 998	81 000	293 998
运费	1 540 753	1 114 531	2 655 284

电费	2 569 728	1 241 108	3 810 836
燃气费	2 208	0	2 208
水费	0	47 018	47 018
差旅费	9 600	35 528	45 128
交通费	171 051	479 538	650 589
通信费	26 958	20 987	47 945
车辆费	307 904	254 693	562 597
会议费	30 790	0	30 790
培训费	437 066	93 429	530 495
福利费	1 689 219	744 759	2 433 978
保险费	833 276	555 315	1 388 591
场地租赁费	128 423	96 000	224 423
折旧费	4 400 166	2 233 863	6 634 029
出租·租赁费	6 788 203	2 617 875	9 406 078
固定资产清理	0	0	0

(续)

	关东制造科	关西制造科	制造部合计
其他费用	856 590	269 629	1 126 219
销售佣金（10%）	19 795 713	9 072 268	28 867 981
内部技术费（10%）	0	0	0
公司内部利息（固定资产）	1 459 663	608 921	2 068 584
公司内部利息（其他）	0	0	0
部门公共费	0	0	0
公司公共费	12 801 237	4 441 246	17 242 483
公司收支公共费	9 587 200	3 199 800	12 787 000
经常利润	45 576 263	110 539	45 686 802
人数	98.0	34.0	132.0

关东制造科约有 2 亿日元的销售，从中支付 10% 的佣金给销售部门，再扣除其他费用后，能获得 4500 万日元的高利润。我们可以从部门损益计算表中看到，这是 98 名员工拼命努力的结果。

我们再看一下刚才看过的关东营业所的部门损益计算表。在"收入"科目中，有当月获得的"订单额"，当月的"总销售额"，销售部门获得 10% 佣金的"总收入"等细项。在费用科目中，例如，像人工费为"时间实绩 × 单位时间人工费"这样，事先决定了每个科目的计算方法。损益计算表中所有费用科目的定义都由公司决定。

像这样的经营资料，都在公司内部制作，公司依此开展经营活动。我经常说"经营企业与驾驶飞机是一样的"，坐在驾驶舱内，看着眼前仪表盘上的数字，如果不确认高度和速度就无法驾驶飞机。经营也一样，必须每天确认刚才所述损益计算表上的各个数字。

设定具体目标

看着细分的数字，思考如何增加销售，如何减少费用。增加销售和减少费用都需要钻研创新。实践销售最大化，费用最小化，同时也就是践行经营十二条中的第十条"不断从事创造性的工作"。"这已经是极限了，销售额不可能再增加了"，要抛弃这种想法，要相信无限的可能性，必须不断进行创造性的思考和工作。

要不断创新，首先必须遵循经营十二条中的第二条"设定具体目标"。所谓"设定具体目标"，我们以A公司的关东制造科为例，上个月的生产额是2亿日元，本月的订单预测不错，本月的生产额定为2.5亿日元，这就是具体的目标设定。关于费用，本月设定了5000万日元的增产目标，为了提升利润率，思考将费用控制在只比上个月的1.6075亿日元略有增加的程度，以此来提高部门收益。像这样，设定具体目标就是指明确具体的数字目标。

假设经营餐馆的话，就要看着损益计算表，思考"上个月的销售额只有这么点，本月需要努力将销售额提升到这么多。同时，要从食材费到人工费，对所有费用都设定数字目标，甚至尽可能比上个月还要少"。如果不使用损益计算表上的数字进行具体的目标设定就没有意义。

具体目标设定后，就需要践行经营十二条的第三条"胸中怀有强烈愿望"。一边看着损益计算表上的具体数字，一边对自己说"无论如何都要达成制定的目标"，这就是"胸中怀有强烈愿望"。要想达成目标，必须持有渗透到潜意识的强烈而持久的愿望。

同时，要持续地付出经营十二条的第四条中描述的"付出不亚于任何人的努力"。认认真真，踏踏实实，一步一步积累，就是说只有持续付出不亚于任何人的努力，设定的目标才能实现。

将具体的数字目标置于眼前，制定下个月、明年的目标，胸怀无论如何也要达成目标的强烈愿望，付出不亚于任何人的努力，这就是"销售最大化，费用最小化"的实现之道。

目标共有

企业在经营过程中确定具体的数字目标，为了达成目标，经营者必须率先垂范，怀抱强烈的愿望，付出不亚于任何人的努力。但是，一个人无论怎样努力，力量也是有限的。为此，正如一开头就讲到的，在明确事业目的和意义的基础上,将目标与全体员工共有,与全体员工一起努力。也就是说,要对员工讲:"我们公司的经营目的是在追求全体员工物质与精神两方面幸福的同时,为人类社会的进步发展做出贡献。为了实现这个目的,必须增加销售额,提升利润。因为是为大家,为社会,为世人,所以大家一定要齐心协力。"也就是说,制定的目标并不只是社长一个人的,必须是全体员工共同的目标。

只有这样,才能使员工感觉到"原来如此,只有公司变得优秀了,有利润了,我们员工的待遇才会变好。事实上,过去就是这么做的。既然这样,我们应该主动积极,努力增加销售额,同时尽可能缩减费用"。只有让公司里的每一位员工都关注销售最大化,费用最小化,目的、目标才能共有。

所谓经营,就是要像上面所描述的那样,必须要将公司所有的员工卷入其中,让大家拥有"社长,你说的对。我们努力一起干"的想法,否则,企业经营就搞不好。

经营者一个人拼命工作,逞强逞能,效果有限。有时还会产生负面效果,就是经营者越使劲,员工士气越低落。因为员工觉得"社长随意大旗一挥,要大家努力,增加销售额,降低费用,但结果是,所赚的钱全部成了社长个人的财富。社长是为了自己发财而欺骗我们,才叫我们加油"。因此,必须首先像经营十二条的第一条所写的那样,明确事业的目的和意义。例如,可以这样来鼓励员工:

"我经营企业的目的不是只为自己。作为社长,我当然希望获得幸福,但是让包括我在内的公司全体员工获得物质和精神的幸福才是我经营企业的目的。实现这个目的,是为了大家,所以大家一定要齐心协力。"

再比如,"这家企业是我祖父创建的,到目前为止都只是一份家业。但是从现在开始,我们明确经营企业的目的,就是全体员工都要获得幸福,我希望与大家一起来实现这个目的",重新讲述经营企业的目的和意义。这样,员工才会说"明白了,按照社长所说,我们也要努力"。于是,才能用"下个月我们要达成这样的销售额,费用要控制在这个额度内"这样具体的数字目标说话。像这样,在月初看着数字,清晰地向员工表达"有这样的目标方针,请大家一定努力实现",是非常重要的。

但是，即使这样拿着数字与员工说话，实际上要达成目标也非易事。要达成数字目标，就像经营十二条中第七条所说"经营取决于坚强的意志"，必须具备洞穿岩石般的坚强意志。不管制定了多么具体的目标，懒惰的人、有气无力的人也无法实现目标。

同时，还要拥有经营十二条中第八条所写的"燃烧的斗魂"。经营中，经营者必须有不亚于任何竞技格斗的强烈的斗争心。另外，领导人没有勇气，没有霸气，也无法经营企业。这不是说要使用暴力，而是指精神强大。即使是女性经营者，同样必须具备燃烧的斗魂。比起懒惰又胆小的男性经营者，只要拥有坚强的意志和斗魂，女性可以比男性做得更好。

经营十二条的第九条是"临事有勇"。没有勇气的人不能当经营者。"我想这样做！"经营者想法强烈的话，就会要求员工"请你们也这样做"，就会拿出勇气向员工说明，必须说服他们一起努力。从这个意义上来说，用数字设定目标，并与员工共有，是一件非常有挑战性的事情。

因此，当谈到"下个月要这么做"这种严峻的话题时，要让员工从内心认同"原来是这样，那必须一起努力达成"。必要时利用酒话会等形式进行说服。一边喝酒,一边营造共同奋斗的氛围。在那样的场合下,员工就会说:"社长,我明白了,那就一起干吧!"

挑战高目标时,循规蹈矩,用死板的方式沟通,还是边喝酒,边交谈,氛围完全不同。所以要利用恳亲会营造的气氛,将一个很高的目标数字落实到现场:"就拜托你了,好好干!"这才是举办恳亲酒会的目的。

为了让员工明白"社长的愿望就是要让全体员工获得物心双幸福。他的严厉全部是为了我们",社长必须一边喝酒吃饭,一边倾诉对员工的关爱和体贴。这样,员工就会说"社长对我们如此无微不至,为了这样的社长,我们必须拼命,全力以赴"。

从损益计算表中读懂现场的一切

损益计算表是经营不可缺少的东西。但是,我是技术出身,在45年前(1959年)创建京瓷公司时,对损益计算表一无所知。并且,因为销售、技术开发和制造等多个部门都由我一个人负责,我根本没有时间自己来制作月度损益计算表。因此,就把这项工作交给财务人员，请他们制作损益计算表。

但是，我看了会计专业人士制作的损益计算表，却弄不清企业经营的实态。于是，我让财务人员把报表的科目细化，成为我可以使用的资料。我看着这些细化的报表科目，以月为单位，努力实现销售最大化，费用最小化。

到了月底，为了能够尽早知道自己努力工作的结果，我会拜托财务人员尽快出具损益计算表。但报表要到2~3个月之后才能做出来。过了2~3个月才出来的报表毫无意义。知道3个月以前，公司是盈利的还是亏损的，对经营没有任何帮助。

所以，在京瓷，在销售额和费用月末关账后的一周内要出具损益计算表。经营管理部门每日进行数据统计，月末关账后，一周之内就能出具损益计算表。通过这张表，我就能够看清上个月努力工作的结果，看看自己确定的利润目标是否实现，是否如愿以偿。

如果公司的部门很多，相关的损益计算表资料会有好几本。我就经常将多本损益计算表放在包里，随身携带，即使是出差在外，也是表不离身。

例如以刚才所说的 A 公司为例,看着损益计算表上关东制造科 2 亿日元的生产值,我的脑海里就能浮现出关东制造科科长 A 的样子。"上个月,我说要完成 2.3 亿日元的生产时,他答应了。可结果只完成了 2 亿日元",这时这个担当责任者的脸就会从这张损益计算表中浮现出来。

接着看费用总额,"上个月,他说过无论如何要将费用控制在 1.3 亿日元以内,我当时同意了这个指标,但是实际发生了 1.6 亿日元的费用,到底发生了什么"。于是我就细看各种费用科目,发现"这里用了那么多的消耗品",使用这些消耗品的现场担当者的脸又浮现出来。我就想:回去后要立刻将这位担当者喊来进行教育。

损益计算表虽然呈现的只是数字,但是读起来要比小说有趣得多,里面都是精彩的故事。即使出差不在公司,只要看着这张损益计算表,我就能知道公司里发生的一切,并且立刻就能知道下个月应该从哪里着手进行调整。

我们经常听说社长进入工厂后发现走廊里的电灯亮着,于是逐一去关闭。但是,相比关闭走廊的电灯,将无产出而空转的马达关闭,能节约的电费会更多。关键在于，是否知道在削减费用方面到底在哪里下功夫是最有效的。

削减费用的重点在于设定什么样的目标。也就是说，必须了解工厂中发生的一切，在其中发现要改进的目标。如果这些不能通过损益计算表中的数字读懂的话，就无法展开经营。

损益计算表是"驾驶仪表盘"

不仅是今天所说的制造业，还有买进卖出的流通行业，竞争都非常激烈，通常只有5%～6%的毛利。另外，如果持续亏本，想要降低费用却已无处可削减，作为事业已难以为继，那么在这种情况下，如果继续经营的话，只会持续亏损，于是必须考虑转行。也就是说，根据损益计算表上的数字，有时候要做决断，决定事业是否持续。

例如饮食行业，损益计算表中先看材料费。同样是饮食行业，大众餐厅和高级餐馆是完全不一样的。高级餐馆，优秀的大厨制作精美的菜肴，为了能让顾客满意，材料费比例很大，就做不出利润。在这种情况下，材料费相对于销售额占比多少为合适，这样的常识非常重要。并不是因为制作的是高档菜肴，就在使用高级食材时不考虑费用。同时，不仅是花工夫制作菜肴，餐馆还有传菜员、招待服务生等其他费用发生。因此，必须思考材料费的上限占销售额的百分之几，要有一个基准。

一般的餐厅，包括调味料在内的材料费，占销售额的比例达到 30% 就是上限了。也就是说，菜肴的卖价如果没达到材料费的 3 倍，那么就有可能出现亏损。高档餐馆的话，如果将材料费控制在 25% 的话，利润率就会上升。

如果为了降低材料费而购入品质低下的食材，那么菜肴的口味就会变差。要想购买到物美价廉的新鲜食材，社长必须亲自采购。让不懂经营的大厨去购买，就可能会购入高价食材，餐馆的利润率就会下降。

之前，有一家参加盛和塾的寿司企业，受到东京盛和塾的关照。这家企业以银座为中心展开寿司连锁经营，作为盛和塾塾生的这位社长，亲自早上 3～4 点起床，去筑地的鱼市场采购大量的食材。像他那样还亲自去筑地鱼市场进货的寿司经营者已经很少了。因为他对价格行情非常了解，就能从批发商那里以非常便宜的价格购入食材。

像这样的寿司店,因为能够采购到物美价廉的食材,并且口味好,价格又不贵,因此生意兴隆。为了能够低价购入好食材,经营者必须率先垂范,付出努力。

正如刚才所说,经营企业与驾驶飞机一样,作为经营者,大家都是飞机驾驶员,坐在驾驶舱内,手握操纵杆,操纵着企业这架飞机。也就是说,经营者必须注意仪表盘上的每一个数据,现在的飞行高度、速度和飞行方向等,根据这些数字来调整手中的操纵杆。飞机的驾驶仪表盘就是损益计算表。经营企业就需要看着损益计算表上的各项指标数字做出判断。

切磋琢磨者聚集的"盛和塾"

如上所述,只有经营者自身努力付出,并且能让企业内的主要干部一起共同努力,公司的业绩才会上升。原本非常辛苦的企业经营,伴随着业绩开始提升,经营者就会对经营产生浓厚的兴趣,从盛和塾回到公司,对干部说,今后我们要这么干,要这么改进。有趣的话题层出不穷。这样,公司的干部员工也会越来越感觉到经营的乐趣。

在痛苦中经营企业，企业就经营不好。因为觉得痛苦，就想着摆脱，想着轻松，"为什么要干这苦差事"，想从痛苦中逃离，这是不对的。感觉到无比快乐、非常有趣，必须这样去经营企业。干来干去，赤字连连，经营当然就索然无味。

当对经营产生兴趣以后，在盛和塾与意趣相同的伙伴聚会就有意义了。不管部下如何协助自己，经营者仍然是孤独的。作为企业领导人，经营者有时要安慰员工，有时要激励员工。想要得到员工的安慰和勉励，那是本末倒置。经营者是孤独的，因为无论多么艰辛，自己都必须忍耐，必须一个人扛过去。

在这里，有着同样烦恼，同样都是孤独的人，几个月聚集一次。这时候，看到工作乐观、干劲十足的人，就会受到鼓舞，"我也要像他那样乐观"。有相同的烦恼，一样辛苦奋斗的伙伴聚集一起，切磋琢磨，盛和塾必须是这样的一个场所。

就像我开头所讲，加入盛和塾不是为了构建人脉，也不是简单地通过学习会，读一下我的书籍，看一下视频，然后一起吃顿饭开心一下。塾生必须在加入盛和塾时记录公司的业绩，通过盛和塾的学习，使公司的业绩得到增长，从而感受到"加入盛和塾对了"，如若不然，入塾就没有意义。对于缺乏这种意识的人，要一个一个教育，要质问他们："你加入盛和塾后干了什么？"

盛和塾不是一个仅让大家开心见面，轻松交谈的组织，而是要让塾生企业的员工高兴，让他们觉得"正因为社长加入了盛和塾，公司变好了，我们员工能够安心工作了"。"我就是抱着这样的目的加入盛和塾的"，我希望各位有资格说出这样的话。

要 点

首先要打造一个能让全体员工感受到物心双幸福，感受到工作的喜悦，并能心生感谢的公司。员工能够开心地工作，公司就会变成一家优秀的企业，结果也一定能给经营者自身带来幸福。

○

自己要获得幸福，首先要思考如何让员工获得幸福，这就是"利他精神"。让在自己公司里工作的员工获得幸福就是实践"利他",也是在链接自己的幸福。

○

通过企业经营,为人类社会的进步发展做出贡献。即使是只有几名员工的公司,它们的企业活动也会以某种形式为地方社会做出贡献。也就是说,即使再小的公司,也在为人类社会的进步发展做贡献。

○

要成为一家优秀的企业,具体应该怎么做呢?并不仅仅像念经一样诵读经营十二条,关键在于一条一条地去实践。经营十二条中的第五条是"销售最大化,费用最小化",即竭尽全力将销售做到最大,同时尽量控制费用的支出,这就是实现出色经营的要诀。

○

要不断实现销售最大化,就一定不能简单地重复昨天同样的工作。如果擅长菜肴调味,那么将这种技能进行多方面活用,在努力创新之际就有可能在多方面拓展事业。换句话说,销售最大化就是指自己不设限,挑战一切可能去增加销售。

○

所谓的独立核算是指每一个部门都有相对应的损益计算表，可以从中看到各个部门的业绩情况。通常，我们关注的是整个企业是否有利润产出，却不知道公司的利润具体来自哪里。因此，必须明确哪个部门产出了多少利润。

○

费用最小化时，需要对损益计算表上的每一个科目进行细致确认，并努力削减。很多企业都会委托外部会计事务所或者税务师事务所一年制作一次财务报表。每月由自己公司制作报表的企业为数不多，但是，说真的，经营企业必须要每月自己制作财务报表。

○

"销售最大化，费用最小化"不是像念经一样念了就可以，而是需要大家仔细看损益计算表，思考如何提高销售额，同时减少费用的支出，增加利润。重要的是这么去实践。

○

看着细分的数字，思考如何增加销售，如何减少费用，其中都需要钻研创新。即在追求销售最大化，费用最小化的同时践行经营十二条中的第十条"不断从事创造性的工作"。不能抱着"这已经是极限了，销售额不可能再增加了"的想法，要相信无限的可能性，必须经常进行创造性的思考和工作。

○

要不断创新，首先必须遵循经营十二条中的第二条"设定具体目标"。例如上个月的生产额是 2 亿日元，根据本月的订单预测，本月的生产额可以实现 2.5 亿日元，这就是具体的数字目标设定。关于费用，本月虽有增产，但控制在只比上个月略有增加的程度，以提高部门收益为目标。设定具体目标是指设定具体的数字目标。

○

具体目标设定后，就需要践行经营十二条的第三条"胸中怀有强烈愿望"。一边看着损益计算表上的具体数字，一边对自己说"无论如何都要达成制定的目标"，这就是"胸中怀有强烈愿望"。要想达成目标，必须持有渗透到潜意识的强烈而持久的愿望。

○

同时，要持续地付出经营十二条的第四条中描述的

"付出不亚于任何人的努力"。认认真真，踏踏实实，一步一步积累，也就是说，只有如此持续地付出不亚于任何人的努力，所设定的目标才能实现。

○

企业在经营过程中确定具体的数字目标，为了达成目标，经营者必须率先垂范，怀抱强烈的愿望和付出不亚于任何人的努力。但是，即便如此，一个人无论怎样努力，力量也是有限的。为此，经营者必须在明确事业的目的和意义的基础上，将目标与全体员工共有，让大家与自己一起努力。

○

只有让公司里的每一位员工都关注销售最大化，费用最小化，目的、目标才能共有。所谓经营，就是要像前面所描述的那样，必须要将公司所有的员工卷入其中，让大家拥有"社长，你说的对。我们努力一起干"的想法，否则，企业经营就搞不好。

○

必须拥有经营十二条中第八条所写的"燃烧的斗魂"。经营中，经营者必须有不亚于任何竞技格斗的强烈的斗争心。另外，领导人没有勇气，没有霸气，也无法经营企业。这不是说要使用暴力，而是指精神强大。即使是女性经营者，同样必须具备燃烧的斗魂。比起懒惰又胆小的男性经营者，只要拥有坚强的意志和斗魂，女性可以比男性做得更好。

○

经营十二条的第九条是"临事有勇"。没有勇气的人不能当经营者。"我想这样做！"经营者想法强烈的话，就会要求员工"请你们也这样做"，就会拿出勇气向员工说明，必须说服他们一起努力。从这个意义上来说，用数字设定目标，并与员工共有，是一件非常有挑战性的事情。

○

当谈到严峻的话题时，要让员工从内心认同"原来是这样，那必须一起努力达成"，必要时利用酒话会等形式进行说服。一边喝酒，一边营造共同奋斗的氛围。在那样的场合下，员工会说："社长，我明白了，那就一起干吧！"

○

在销售额和费用月末关账后的一周内要出具损益计

算表。经营管理部门每日进行数据的统计,月末关账后,并不需要一周的时间就能出具损益计算表。通过这张表,我能够清晰地看到自己拼命努力的上个月,自己设定的利润目标是否达成。

○

削减费用的重点在于设定什么样的目标。也就是说,必须了解工厂中发生的一切,以及以什么为改善的目标方向,如果这些不能通过损益计算表中的数字去读懂的话,就无法展开经营。

○

经营与驾驶飞机一样,作为经营者,大家都是飞机驾驶员,坐在驾驶舱内,手握操纵杆,操纵着企业这架飞机。也就是说,必须认真关注驾驶仪表盘上的每一个数据,现在的飞行高度、速度和飞行方向等,根据这些数字来调整手中的操纵杆。飞机的驾驶仪表盘就是损益计算表。经营企业就需要看着损益计算表上的各项指标数字做出判断。

打造具备"漂亮财务报表"的企业

在盛和塾关西地区联合塾长例会上的讲话
——2005 年 1 月 17 日

在 2005 年 1 月 17 日举办的盛和塾关西地区联合塾长例会上,一位注册会计师(也是塾生)以"京瓷的财务报表漂亮"为题,发表了他的研究成果。如何打造具备"漂亮财务报表"的企业?稻盛以此为题,结合京瓷的会计方式做出了说明。

京瓷的财务报表凝缩了极度认真的经营姿态

今天，注册会计师塾生发言时，用了"京瓷的财务报表漂亮"这一表述，我感到非常惊讶，同时深受感动。当我们看到身材匀称、容貌秀丽的美女时，我们只是单纯地感觉到漂亮。但是，真正能让我们从内心深处感受到"漂亮"的，是我们从那个人身上看到的由内向外散发出来的那种美丽。

京瓷的财务报表是怎么做出来的？我想，这位塾生注意到了隐藏在数字背后的"思维方式"，在那里，他感觉到了漂亮和美好。

京瓷是我在 27 岁时，距今 45 年前，倾注心血努力构筑的公司。我自己也认为打造了一家真正优秀的企业。有年轻会计师说，京瓷的财务报表很漂亮。这和年龄、经验无关，有人理解京瓷，知晓京瓷的实际状态，对此，我感到非常高兴。

能够具备这种见解的会计师、证券分析师几乎没有。所以，今天我请来了京瓷的有关干部，希望他们也好好听一听。京瓷的干部虽然有很多机会接触像会计师、税务师那样专业的外部会计人员，但是，对于凝缩了京瓷45年极度认真经营姿态的资产负债表、损益计算表，用"漂亮"这个词汇，由衷赞赏的专业人士却从来没过。称赞京瓷是一家高收益的，具有健全财务体质公司的人是有的，但是用"漂亮"这个词汇形容的人，到目前为止一个也没有。

只是看了京瓷的财务报表，就懂得了我倾注心血打造的企业的真正价值，当我知道这种有见识的人存在时，我就非常开心。对于他的发言，已经不用我再加任何点评。他已经超越了一般的注册会计师，作为个人，他也非常出色。他理解我倡导的京瓷哲学，理解经营哲学。正因为在此基础上审视财务报表，他才会用"漂亮"这个词来表达。我认为，他是一位具备卓越见识和眼光的人士。

资产负债表反映企业的健康状态

我稍做补充。

他谈到"相对于合并报表，审视凝缩着创业以来经营姿态的京瓷单体公司的报表更有意义"。但是就近期的经营情况来说，有必要注意看合并报表。京瓷收购了三田工业，成立了由京瓷100%控股的京瓷美达（现称为京瓷办公信息系统株式会社）。原本属于京瓷的，年销售数百亿日元，利润率20%的打印机事业部，与三田工业合并成立京瓷美达公司。收购三田工业后，京瓷美达的销售额和利润迅速增加，与之相应，京瓷单体公司的销售额和利润降低了。

还有之前，京瓷收购了金石公司，成立了京瓷金石公司。同时，将拥有与金石公司差不多销售额的，专门生产用于手机水晶振动子的事业部从京瓷公司主体剥离，并入京瓷金石公司。因此，京瓷金石公司的销售额剧增，利润也一举恢复。其实是因为将原属于京瓷主体的一部分销售额和利润转移到京瓷金石公司。尽管一段时间内，京瓷主体公司的销售额和利润下降了。尽管如此，但是京瓷单体后续的销售额和利润都增长了。

我们来看在这种情况下的2004年3月末京瓷单体公司的财务报表（见表2-1）。看"现金及现金等价物"科目就能明白，共有1929亿日元的现金及现金等价物。再看合并报表（见表2-2）中的"现金及现金等价物"科目，现金及现金等价物共有3611亿日元。

表 2-1 资产负债表（单体）

分　类	2004 年 3 月 （2004 年 3 月 31 日） 金额 （百万日元）		构成比 （％）	分　类	2004 年 3 月 （2004 年 3 月 31 日） 金额 （百万日元）		构成比 （％）
（资产部分）				（负债部分）			
Ⅰ 流动资产		415 103	33.4	Ⅰ 流动负债		85 816	6.9
现金及现金等价物	192 928			退货损失准备金	184		
其他流动资产	222 175			产品保证准备金	650		
			15.5	其他流动负债	84 982		
Ⅱ 固定资产		825 909	66.6	Ⅱ 固定负债		125 458	10.1
1. 有形固定资产	118 805			负债合计		211 274	17.0
2. 无形固定资产	3 178			（资本部分）			
3. 投资及其他资产	703 926			资本合计		1 029 738	83.0
投资有价证券	413 960						
其他投资	295 916						
投资损失准备金	△5 950		33.4				
资产合计		1 241 012	100.0	负债和资本合计		1 241 012	100.0

表 2-2 资产负债表（合并）

分 类	2004年3月31日 金额（百万日元）	构成比（%）	分 类	2004年3月31日 金额（百万日元）	构成比（%）
（资产部分）			（负债部分）		
Ⅰ 流动资产	933 696	52.0	Ⅰ 流动负债	376 639	21.0
现金及现金等价物	361 132	20.1	Ⅱ 固定负债	211 135	11.7
其他流动资产	572 564	31.9	负债合计	587 774	32.7
Ⅱ 投资及长期贷款	454 150	25.3	（少数股东股权）		
Ⅲ 长期金融债权	88 512	5.0	少数股东股权	53 238	3.0
Ⅳ 有形固定资产	254 520	14.2	（资本部分）		
Ⅴ 营业权	25 254	1.4	资本合计	1 153 746	64.3
Ⅵ 无形固定资产	16 645	0.9			
Ⅶ 其他资产	21 981	1.2			
资产合计	1 794 758	100.0	负债、少数股东股权及资本合计	1 794 758	100.0

再看京瓷单体公司报表（见表2-1）左下方的"投资有价证券"科目，共有4139亿日元，这部分主要是投资在高稳定性的KDDI股票，加上京瓷单体公司拥有的现金及现金等价物约2000亿日元，从财务角度来看，京瓷拥有非常强健的体质。这是每年从销售额中给到员工工资，给到股东分红，扣除各种费用后所储存下来的。这笔钱与资本金一起称之为自有资本。看合并报表的数据，自有资本高达11 537亿日元，自有资本率达到64.3%。从京瓷单体报表来看，自有资本约为1万亿日元，自有资本率达到83%，呈现出非常优良的财务状态。当然，一般的会计师会说"是一家财务状况非常健全和优质的企业"，但还没有用到"漂亮"这样的词语。

资产负债表表达企业的健康状况。资产负债表的左侧是资产，右侧是负债和资本（现在是纯资产），也就是说，这个企业的资金是怎么筹措的，又是怎么运用的。要了解企业的真实状态，只要看资产负债表就可以明白。

人通过照X光片，可以知道是因为骨头有问题造成了腿部行动不便，或者是内脏的疾患导致人生病。与此同理，通过看资产负债表左右的平衡情况，可以知道企业的经营状态。

很多中小、中坚企业的经营者经常会注意损益计算表，而忽略资产负债表，甚至还有从没看过资产负债表的经营者。但是，经营企业不光要看损益计算表，资产负债表也很重要。

资产负债表的左右两侧都有非常细致的科目，还有内容更加细致的附属明细表，经营者看了以后对企业的实际状态就会更加清楚。

为了打造筋肉坚实的企业体质（一）
采用自主使用年限

这位塾生感到财务报表漂亮的理由中，有一点是在资产负债表中计入了"投资损失准备金"和"退货损失准备金"。实际上从京瓷的损益计算表来看，投资损失准备金即考虑投资可能造成损失的风险，已经预先提取了50多亿日元。如果没有这部分准备金，个别损益计算表上的利润会更多，但还是有意将利润减少而用于准备金。退货损失准备金也是如此，基于过去退货率的实际情况，提取了相应的准备金。这种操作在出版行业非常常见，但是在制造业很少看见。在制造业，为应对今后可能发生的风险而做准备金提取,他认为这样的报表非常健康。

表明京瓷收益状况的是损益计算表,如果像刚才所说的那样,不提取准备金的话,损益计算表上的数字会更好看。但是,我们依然提取准备金,降低利润率。即使这样,利润率与同行相比,数字仍然高出很多。所以他才会用"漂亮"这个词来表达。

资产负债表上没有体现的内容,通过查看附属明细表就能明白。这位塾生看了明细表的相关内容,从会计处理健全性的角度,用"非常保守的会计处理"这句话来表述。其中他举了三个感到特别好的例子。第一个是自主使用年限。京瓷并不是按照法定使用年限进行折旧,而是按照独自的基准进行折旧,这个如果只看资产负债表的数据是搞不清的。

固定资产中有表示设备、建筑物、土地等的有形固定资产。京瓷单体报表中,这部分有1188亿日元。因为以短于法定折旧年限进行折旧,京瓷一年的折旧费比较多,如果换作一般企业的话,这部分有形固定资产应该是1300亿日元,而京瓷只有1188亿日元。

按法定年限进行折旧处理的东西会加快折旧。在资产负债表中体现为公司资产的减少。但是，我想这位塾生看到了数字背后的思维方式，从企业健全性的角度看，他认为非常了不起，所以用了"漂亮"这个词汇。

在中小、中坚企业中，有的人不太理解折旧这个概念。购买建筑物时，无论是木质结构还是铁质结构，都有各自的法定折旧年限。机械也是如此，各种机械有着不同的法定折旧年限。例如制作乌冬面时，会购入几百万日元的制面机，这也需要进行折旧。这几百万日元的设备按照几年进行折旧，如果询问会计师"制面业的机械按几年折旧"，他就会告诉你折旧年数。然后，按照法定折旧年限每年进行折旧。

假设用300万日元购买的机械按照定额进行折旧。10年折旧的话，为了让大家容易明白，就按每年30万日元进行折旧。300万日元的资产，第一年折旧后，资产负债表上有形固定资产处就变成了270万日元。在京瓷，10年折旧的东西会按照5年来进行。300万日元购买的东西按5年折旧的话，同样为了便于理解，每年的折旧是60万日元。300万日元的设备购买的第一年就折旧60万日元，资产处只能计240万日元。费用被计入60万日元，比按法定年限折旧多了30万日元，当年的利润就降低了。也就是说，即使减少这一年京瓷的利润，降低这一年京瓷资产的价值，也要加速折旧。

之所以这么处理，是因为有如下的情况。购买了300万日元的机械使用，这个机械并没有使用到法定折旧年限。在使用过程中，机械出了问题不太好用，需要进行更换，询问会计师后被告知"账面残存价值还有60万日元。还没有折旧完的设备更换成新设备后，不光要对新设备进行折旧，旧设备未折旧完的60万日元得继续折旧"。于是，觉得费用太高，就只能忍耐着继续使用低效的旧设备。这种情况经常发生。

京瓷属于技术革新日新月异的电子行业，购买的设备很可能在仅使用3年后就变得落后。这些可能因落后而被淘汰的设备的法定折旧年限却有10年，3年后伴随着技术革新，这些设备无法再使用的话怎么办。我们所使用的机械很多都是一台就价值1000万日元、2000万日元的高价格设备。这样的机械存在因为落后而无法使用的可能性，所以只能按照3年进行折旧，不然就会背离资产的实际状态。再进一步说，就是怀抱了一枚账外损失的炸弹。

因此，提前折旧是必要的，加速折旧有好处。极端来说，法定折旧年限是10年的东西5年折旧结束的话，

5年后这个机械就是无成本使用了。精心使用这台设备，让它的状态和新设备差不多的话，就能使收益上升。现在是每年花60万日元的折旧费，后续不用花费折旧就能使用这台设备。所以如果加快折旧的话，后面就能带来较大的收益。

京瓷这样以短于法定使用年限进行折旧的做法并没有得到税务所的认可，"你们将原本属于利润金额的一部分随意用作折旧，这部分利润本来是征税的对象"，于是只能遵循会计准则，变成"有税折旧"，也就是要按照税法上规定的使用年限另外进行折旧计算。即使如此麻烦，至今为止我们依旧按照上述理由提前折旧。

这位塾生读出了在京瓷的有形固定资产背后的这种思维方式。他说，在表达有形固定资产的部分中，如果不看以短于法定使用年限折旧部分有多少的话，就不知道京瓷公司的体质多么强健。

为了打造筋肉坚实的企业体质（二）
陶瓷石块论

接下来所举的第二个精彩例子是库存评价方法。

生产企业所指的库存，包括用于生产产品的原材料库存和已经完成的成品库存。看任何一家公司的资产负债表，库存都计入左侧的资产栏里，并且是作为流动资产，与现金在同一个框里面。框下面的部分是固定资产，也就是不太容易变成现金的资产。所谓流动资产，现金毋庸置疑，其他的既然被归为流动资产，应该是可以很快转化为现金的东西。原材料库存也好，成品库存也好，因为是库存，就可以想象为可以卖掉变成现金，因此应该与现金具备同样的价值，作为流动资产来看待。

但是，这个库存是最容易出问题的。例如收购倒闭的公司时，会有很多卖不掉的呆滞库存。因此，倒闭公司在重建时，原本在资产负债表上作为流动资产的库存，必须作为毫无价值的东西一笔勾销。

一般的企业，特别是生产型企业，进行库存评价时往往依据会计准则，使用标准成本的计算方法。会计学者也好，学习会计的人也好，大家都用标准成本计算方式进行计算。例如，用"这个品种的乌冬面，按照本期的成本计算，值多少"来决定成本，按照这个标准成本对库存进行评价，这是一般对库存进行评价的方法。

但是，如今的市场竞争非常激烈，乌冬面的卖价不降的话，马上就卖不掉，每时每刻竞争的条件都在发生变化。去年的标准成本如果高于今年降价后的卖价的话，那么在卖掉的瞬间就会亏本。原来认为100日元的库存，当卖价只有90日元时，卖一个就亏损10日元。如果按照一般标准成本计算方式的话，这样的情况很多。

特别像我们这些属于电子行业的电子零部件制造商，最初都是承包工厂的角色，电机行业的大企业不断从我们这里大量购买零部件，但同时，它们每个月都有降价要求。如果不降价，它们就会从同行的竞争对手那里购买。这是非常简单的报价竞争，因此我们不得不降价。我们已经习以为常，做出的产品究竟卖价是多少谁都保证不了。如果不卖掉的话，这些陶瓷不能用于他处，与没有价值的石块一样。所以，尽可能在进行库存评价时将库存评价为0。从这样的思维方式中衍生出了"陶瓷石块论"。我年轻的时候，在向税务所说明这个"陶瓷石块论"时，税务所的人非常恼怒。

"卖给大电机厂家获得这么多利润的产品，库存评价怎么能为0呢？"

"这是因为大客户买了我们的产品,所以赚钱。但是一旦不买的话,这些产品只能扔掉,这时候还要支付扔掉的费用。要支付扔掉费用的这些产品,当然不能作为资产计入。"

库存作为资产计入的话,还要交纳税金。大家所持有的很多库存都已经是交纳完税金后的。库存到底该如何正确地体现它的真实价值呢?

这位塾生意识到,京瓷即使在财务报表上反映不出来的部分,也保持了它的健全性,保持了恰当的平衡,所以感觉到这是一个漂亮的、筋肉坚实的企业,这个报表是"漂亮的财务报表"。

为了打造筋肉坚实的企业体质(三)
采用售价还原成本法

第三个例子指的是采用售价还原成本法。

所谓售价还原成本法是指,"算出商品群的成本率,用这个成本率乘以期末的卖价,用于盘点资产时评价产品成本的倒算方法。这种思考来自成本叠加方法的反思考"。关于这个算法背后我的思维方式，我引用《稻盛和夫的实学》（日本经济新闻出版社出版）的相关内容。

因为我认为"定价即经营"，所以京瓷对每一种产品的定价都注入了心血，非常认真。同时千方百计在这个售价上用最小的费用做出令客户满意的、完美无缺的产品。利润不过是这种努力产生的结果。我认为这才是经营最基本的出发点，从这个意义上说，产品的售价和成本不可能一成不变。

基于这种观点经营企业，我们不采用标准成本计算法，即不采用过去已经支付的累计的成本来评估半成品和成品的价值，而着眼于售价，采用售价还原成本法来评估半成品和成品的价值。

听了今天这个发言，让我想起了在京瓷上市期间，指导我们的审计法人，已故的注册会计师宫村久治先生。京瓷上市的时候，都市银行介绍来自京都的注册会计师宫村先生指导我们上市，他最先遇到的就是售价还原成本法。

在注册会计师业界中具有相当权威的宫村先生，看了京瓷用售价还原成本法进行库存评价后，这么说：

"我知道稻盛先生是个会计的门外汉，所以必须明确指出,没有哪家公司使用售价还原成本法,这是小微企业使用的简便方法。作为一家准备上市的企业,又是一家生产制造型企业,必须使用标准成本方式。"

针对上述讲话,我的回答是:"经过深思熟虑,我决定不使用标准成本法,而采用售价还原成本法。"

和宫村先生就这个话题谈了数小时。那时我强烈坚持,在宫村先生没有接受的情况下依然采用售价还原成本法。但是事后,理解了京瓷售价还原成本法精妙之处的宫村先生说:"京瓷的方法确实了不起。做惯了标准成本方式的人无法体会。"他赞不绝口。他这种表态在注册会计师中也很罕见,异乎寻常。

"京瓷堂堂正正地用售价还原成本法吧。无论哪个国家的会计师指责,我都可以充分有力地答复他们。"此时,我想起了挺着胸膛、振振有词的宫村先生的模样。

追求企业的理想状态

我在几年前,就对以京瓷会长、社长为首的京瓷员工说:"以京瓷哲学为基础,用出色的京瓷会计学,以及阿米巴分部门独立核算制度,打造一家理想型的公司'The·company'。"一谈到京瓷,人们就会不约而同地说:"那才是一家符合理想的公司!"我们就要以此为目标,公司内部把"瞄准 The·company"作为大家共同的口号。

正因为我自己以及京瓷都以此为目标,所以当听到今天发言的塾生作为会计师,针对京瓷的财务报表以"漂亮"一词做出评价,我就感到非常开心。

我希望大家也能学习我的会计学。希望大家一起切磋钻研,将企业经营得更加出色。

要 点

○

用了"京瓷的财务报表漂亮"这一表述,就如同当我们看到身材匀称、容貌秀丽的美女时,我们只是单纯地感觉到漂亮。但是,真正能让我们从内心深处感受到"漂亮"的,是我们从那个人身上看到的由内向外散发出来的那种美丽。

○

资产负债表表达企业的健康状况。人通过照 X 光片，可以知道是因为骨头有问题造成了腿部行动不便，或者是内脏的疾病造成人患病。与此同理，通过看资产负债表左右的平衡情况，可以知道企业的经营状态。

○

按法定年限进行折旧处理的东西也要加快折旧。在资产负债表中体现为公司资产的减少。但是，数字背后的思维方式，即从企业健全性的角度，看到的是"漂亮"。技术革新日新月异的行业，购买的设备很可能在仅使用 3 年后就变得落后。因此，提前折旧是必要的，加速折旧有好处。极端来说，法定折旧年限是 10 年的东西 5 年折旧结束的话，5 年后这个机械就是无成本使用了。使用无成本设备就能使收益上升。如果能加快折旧的话，后面就能带来较大的收益。

○

做出的产品究竟卖价是多少谁都保证不了。如果不能卖掉的话，这些陶瓷不能用于他处，与没有价值的石块一样。所以，尽可能在进行库存评价时将库存评价为

0。从这样的思维方式中衍生出了"陶瓷石块论"。

○

京瓷对每一种产品的定价都注入了心血,非常认真。同时千方百计在这个售价上用最小的费用做出令客户满意的完美无缺的产品。利润不过是这种努力产生的结果。我认为这才是经营最基本的出发点,从这个意义上说,产品的售价和成本不可能一成不变。基于这种观点经营企业,我们不采用标准成本计算法,即不采用过去已经支付的累计的成本来评估半成品和成品的价值,而着眼于售价,采用售价还原成本法来评估半成品和成品的价值。

解读《稻盛和夫的实学》：
依据原理原则，追究事物本质

在"鹿儿岛大学京瓷经营讲座"上的讲演
—— 2002年12月11日、2003年7月7日

"鹿儿岛大学京瓷经营讲座"是作为京瓷社会贡献的一环，在稻盛的母校鹿儿岛大学举办的公益讲座。从2002年开始，稻盛以工学部学生为主要对象，针对1998年出版的《稻盛和夫的实学》一书进行解读。

在讲课中，稻盛列举企业、家庭、政府的各种具体事例，说明了不为常识束缚，遵循原理原则追究会计本质的重要性。

无论家庭、企业还是国家都要了解会计

《稻盛和夫的实学》(日本经济新闻出版社出版)是我的一部以会计为题的著作。我想以此为教科书进行讲解。

听课的同学中,可能有许多人没有实际的工作经验,大半是理工科的学生,对企业经营一无所知。但是,我下面讲的有关会计的话题,不限于企业经营,是在座各位在生活中都需要的。

比如,各位学生平时的生活要靠打零工,或者由家里寄来生活费。使用这些收到的钱,多出来的就储蓄,不够用就向朋友借。总之,要让收支平衡。在生活中,收到的钱和用出的钱,平衡的状态好不好,我们必须了解。

学生中也有这样的人:他们打工赚一点钱,父母寄来一些生活费。但是,因为玩心太重,"这个冬季要去滑雪,要到这里那里去玩。反正我会打工还钱的",这么一想,结果就借了许多钱,背上了不少债务,后面的日子就不好过了。

与此相同,在企业经营中,收入的钱和使用的钱如何平衡非常重要。在这一点上,国家也一样。国家靠什

么方式、收到多少钱，国家向庞大的公共事业投入多少资金，收支是否平衡，这对于财政运行是否健康正常是十分重要的。

这么看来，从家庭到企业乃至国家，无论哪个领域，从取得收支平衡这个意义上来说，会计都很重要。

我想对政治感兴趣的人都知道吧，有一个时期报纸上连载，作家猪濑直树先生等"七君子"集合在一起，讨论日本道路公团民营化的问题，要求对高速公路建设计划以及公团的运行机制进行改革。过去一贯的做法是：道路公团作为特殊法人，先从国家获得大量的财政投融资，用于建设高速公路。公路通车后收取通行费，用于归还投资的本金和利息。用这个方法建设高速公路，给日本国民提供方便。这就是道路公团运行的机制。

问题是，借钱筑路当然不错，但是与收到的通行费相比，必须归还国家的本金和利息大大地膨胀起来，财政因此处于破产状态。过去积累的该还的贷款高达几十万亿日元。不顾这一事实，道路公团的人还在继续鼓吹，还要借钱，"要让各个地方布满高速公路"。这么干的话，财政更将不堪重负。所以七君子发出呼吁："不能再盲目乱建了！"

对七君子的意见，政治家的反应却是："虽然他们呼吁了，但因为地方需要高速公路，过去才建设了那么点。哪怕入不敷出，还得按计划继续建设。"道路公团的经营原本就以从国土交通省、过去的建设省等省厅退任的官僚为中心，他们只会说些不负责任的话："是政治家指示要修建道路，我们才建的。但现在收入非常少，所以还不了贷款。"

建高速公路不是坏事。但是政治家也好，道路公团的人也好，他们对于我下面要讲的会计的基本知识缺乏了解。他们不知道"收入的钱和支出的钱若不能平衡就会破产"。因此，他们搞出了几十万亿日元的债务，将来要靠我们子孙交纳的税金偿还。"这么干很危险"，懂会计的明白人发出忠告，但是大多数政治家和官僚理解不了，所以争论很激烈。

如果收入的钱与支出的钱不能平衡的话，那么家庭也好，企业也好，自治体也好，甚至国家也好，都会破产，这是理所当然的事。只要经营企业的人知道会计就行了，我们常常这么想。但这是不对的。

在工学部讲这些内容合适吗？我开始时曾经犹豫过。但是我也是工学部出身，只学过应用化学，毕业后进入公司,在公司也一直搞研究开发,在对会计一无所知的情况下当上了京瓷的经营者。公司开始运行,销售产品,款项进来,支付工资。进入这个阶段,因为对会计一窍不通,我常感困惑:"真够呛啊!该怎么办才好呢?"我想,如果在学生时代能够学习一点会计的基本知识,或许我能更从容地经营企业。

一开头我就讲到,我认为会计是我们每个人在生活中都应该关心的问题,工学部的同学表面上似乎与会计无关,但是,根据上述理由,我想在这个课程中还是把会计作为主题,与大家一起来学习。

序言 现代的经营迫切需要会计学

从20世纪80年代后期开始,日本的许多经营者被泡沫经济的狂潮所裹挟,失去理智,一再重复过度的投资。

这样的泡沫经济理所当然地破灭了。从20世纪90年代初期开始通货紧缩,其结果是,金融、建筑、房地产等几乎所有行业,不良资产大量出现,日本经济深陷涂炭之苦。

在这期间日本的经营者干了些什么呢?认真反省、从根本对策上下功夫的人很少,大多数经营者忙于隐瞒不良资产，掩饰业绩的恶化。这样做就使日本的企业经营变得很不透明，因而丧失了国际信用，催生了许多舞弊丑闻。

我认为，日本中小企业乃至大企业的经营者，如果他们都能光明正大地经营企业，如果他们能正确理解企业经营的原点——"会计的原则"，那么，无论是泡沫经济还是其后的经济萧条都不至于达到那么严重的程度。

到20世纪80年代前期为止，日本经济一味高速增长，企业经营似乎只要简单地仿效前例就行。然而日本周围的环境发生了很大的变化，日本经济进入成熟期，持续增长的神话告一段落，并且日本经济需要融入复杂的全球化经济之中。在这样的时代，经营者必须正确把握自己企业实际的经营状况，在此基础上做出准确的经营判断。要做到这一点，前提就是要精通会计原则以及会计处理的方法。

然而，如此重要的会计和会计原则，日本的经营者以及企业的经营干部却不予重视。说到会计，一般人都认为，它不过是收集和统计经营过程中所发生的金钱、物品的单据而已，它不过是一种过后的事务处理而已。

有的中小企业经营者认为，自己不需要懂会计，反正只要把每天发生的有关单据交给税务师和会计师，他们会做出需要的财务报表，这就行了。自己只需要知道最终结果——"企业的利润是多少""得交多少税金"，至于会计处理的方法，交给这些专家就行了。甚至有人认为，会计数据可以根据自己的需要人为地操作。

我27岁时创建了京瓷，从零开始学习企业经营，在这个过程中我意识到一个重要的真理，就是会计将成为"现代经营的中枢"。因为经营者必须正确掌握企业活动的真实状态，才有可能带领企业长期持续地发展。

如果想认真经营企业，那么经营数据决不允许有任何人为的操作，它必须反映企业经营的实态，它必须是唯一的真实。损益计算表和资产负债表的所有科目、所有细目，其数字都必须完整无缺，任何人看来都没有任何差错。它必须百分之百反映企业经营的实态。

为什么？因为这些数字可以比喻为飞机驾驶舱仪表盘上的数字，它起到重要的导向作用，它指引经营者正确无误地达到预定的目的地。

基于这种观点，我让财务部门做好经营资料，我就根据资料上的数据经营企业，而其结果就是京瓷和第二电电持续稳步地发展，甚至在泡沫经济时期也不受影响。现在回头来看，在京瓷创业时，正因为我对会计一无所知，我才开始学习。我在自己的经营哲学（追求做人的正确准则）的基础之上，确立了"会计的原则"。

可以说这是京瓷和第二电电成功的重要原因。

我并非会计学专家，但是，我自学自创的会计学的原则，对于正陷于困境、不知怎么做才好的经营者和企业干部来说，或许有参考的价值，为此，我将这些原则汇编成册。

本书是从会计的角度来表述我所思考的经营的要诀和经营的原理原则。在表达上或许稍有过激之处，但我出版该书就是想表达"不懂会计怎能经营企业"这一观点，特别是在这个混乱的时代，我发自内心大声疾呼。我希望人们理解我焦急的心情，理解我激烈犀利的言辞。本书是直接为经营服务的会计学，我希望有更多的人认真阅读后，能够把他们的企业经营得更加出色。

另外，写作本书依据的基础资料，是原京瓷公司财务部长（原监察担当）已故斋藤明夫为培养年轻干部而总结的经验。我再次对斋藤明夫所付出的努力表示由衷的感谢。

（以下略）

正如这里所写的一样，实际上，即使是日本大企业的经营者，其中大多数人也都不懂会计却在经营企业。他们从一流大学毕业，进入大企业，在企业的各个部门积累经验，但是从处理会计的财务部门出身的经营者却很少。大半都是在销售部门、制造部门等现场努力钻研，而后成为企业领导人。因此，领导人中懂会计的非常之少。他们认为会计资料请公证会计师和税务师做就行了，自己不懂会计也没关系。但是，这是不对的。领导人自己必须要懂会计。我是这么强调的。

大家都还年轻，都还没有结婚吧。由夫人做家庭收支账簿的家庭在整个日本大概也极少吧。我妻子就从没有做过。"应该做家庭账本"，结婚当初大家都这么想。但结婚后认真做账的家庭几乎没有。

一般来说，家庭的收入是丈夫的工资，如果妻子也工作，则再加上妻子的收入，如此而已。这个钱是怎么用的，只要每天记录，那么到当天为止，这个月用了多少，还剩下多少，就一目了然。但是，这么简单的事情，肯做的家庭几乎没有。再进一步，将教育费、伙食费、娱乐费分类计算的家庭，我认为几近于零。

说起来很难为情，我对自己家的收支情况也没有掌握。在用现金支付工资的年代，我只是拿了工资袋回家交给妻子就完了，后面的事就拜托妻子管了。同公司一样，在家庭里也应该做账本，这个想法在我头脑里是有的，所以我告诉妻子"要做家庭账"。但尽管我嘴都说酸了，妻子却没有任何做账的迹象。当我追问"做得怎样时"，妻子觉得说穿了没做不好，所以只给我一个含糊的回答。

还是我年轻时发生的事。有一次我打开饭桌的抽屉，发现我每月拿回家的工资纸袋积在一起。妻子把我拿回家的工资袋由下而上按时间顺序层层叠放，而她总是用新纸袋里的钱。新的工资袋到手，她就打开来用，而老纸袋里用剩的钱就那么放着。因为太过随便，我不禁发火，批评她说："你这是怎么回事！赚到的钱和用去的钱要算清，其差额这个月要存入银行，数字也要弄清楚。我不是讲过多次了吗？你却不以为然，剩下的钱放在纸袋里几个月不动。这怎么行！"

进账的钱和用掉的钱要认真管理，这样的事，个人很难做到，另外，公司也很难做到，所以，一般情况下，中小企业的经营者都会委托税务师和公证会计师，进出的钱款都请他们计算。但是，像这样依靠别人是搞不好经营的。这是我想强调的，所以在序言里我就讲了不懂会计就不能经营企业这种严肃的话。

想要知道的是会计的本质，以及在背后起作用的原理

序章　我的会计学思想

1. 我的会计学是怎样诞生的

我的经营原点和会计

在有关朋友的热心支持下成立京瓷时，我只是一个27岁的工程师，没有经营企业的经验。但是，我在之前就职的公司里担任过从新产品开发到商品化的所有环节的工作。当时我想，开发新产品，将它投入生产，再在市场上销售，这三件事我或许能够胜任。

但是关于会计我却一无所知。第一次看资产负债表时，右手边的"资本金"是钱，左手边的"现金、存款"也是钱，于是我想"把钱分在两只手上，左右两边就都有了"，就这么无知。创业之初，无论对于会计还是对于经营我都一点不懂。

当时，我所能做的，只有全身心地投入工作。但是既然我当了经营者，公司的各种事情，部下就都要来请示我，等待我的判断。同时京瓷是一个刚刚诞生的弱小的公司，一旦判断失误，公司可能立即倾覆。究竟应该以什么作为判断的基准？究竟应该怎样来经营企业？我烦恼不安，夜不能眠。我想，在经营企业的过程中，如

果做了不合道理的事，做了违反道德的事，那么，经营一定不会顺畅。既然如此，加上我又缺乏经营的知识，那么一切事情都对照原理原则进行判断吧。对于面临的每一个问题，"对，必须这样做才对"，我决心用自己内心认可的正确的方法开拓前进的道路。我决心恪守原理原则，也就是说，在世人公认的、符合逻辑的、正确做人的基础之上展开经营。

现在回头来看，当初未曾接触经营常识反倒是幸事。有关经营的一切事项，我都要从头开始理解，在自己内心认可以后才做出判断。这样，我就能时常思考企业经营的本质，思考所谓正确的经营究竟应该是怎样的。

"会计"也完全一样。因为我总是不断思考会计的本质，所以当实际结算的数字与我的预计不一致时，我马上要求财务人员做出详细的说明。我要知道的，不是会计和税务教科书上的那种说教，而是会计的本质，以及在其中发挥作用的原理。但是，财务人员往往不能给我满意的解答。他们说："会计就是这样规定的。"我却问："那是为什么？"我不断追问，直到我能理解、接受为止。

与财务部长争论交锋中产生了我的会计学

在京瓷创建后第八年进入公司的斋藤财务部长，对于我的会计学的形成发挥了重要作用。当时他已经50岁,他曾在第二次世界大战前就成立的一家历史悠久的企业担任财务工作,积累了丰富的经验。我当时只有35岁左右,是技术出身的经营者。

当时京瓷的规模还不大,在他进入公司的前一年,即1967年3月期结算的年销售额是64 300万日元,税后利润是10 200万日元。

刚进入公司时,他和我之间总是意见对立,常常发生激烈的争论。在他看来,我是财务方面的外行,尽管我是社长,但他对自己相信的事物不肯轻易让步。

但是,不管多么细小的事情,只要我有疑问,就毫不客气地向他提出。"为什么要使用这样的票据?""从经营的立场上应该这么做才对,为什么在财务上却不这样处理?"刨根问底,反复追问"为什么"。他勉强答道:"反正会计就是这样的。"我却不罢休:"这种回答没有说服力。不能回答经营者想知道的事情,这样的会计没有价值。"直到他的解答能说服我接受为止。

最初他对我这样提问一定感到惊奇、不可思议。作为财务专家他很自负,对他而言,我或许提出了一系列难以想象的难题怪问,他内心一定认为我这个外行是无理取闹,难为他。但过了几年,他的态度突然转变,开始很认真很诚恳地听取我的意见。"正确的经营应该是怎样的",我从这一角度谈及的有关会计的观点,他深刻理解并真心接受了。他主动吸取过去从未接触过的观念。后来我问他转变的原因,他说他意识到"社长所提的问题都直逼会计的本质"。

为了把自己领会的要点传授给其他会计人员,他举办了多次学习会。后来他还总结出一本《京瓷会计规程》,这一规程京瓷一直沿用至今。在规程开头,他把在和我争论中学到的会计的本质称为"从京瓷哲学中诞生的会计思想"。

此后,他以京瓷财务部长的身份参与了公司股票上市,参与了在美国发行股票(ADR),见证了京瓷的高速增长。在这个过程中,他是我的好帮手,他把京瓷的会计系统改进得更为精致。

京瓷快速成长,到1998年3月年总销售额已超过7000亿日元,并正在以总销售额10 000亿日元为目标发展事业。同时,1985年创立的第二电电总销售额已经超过10 000亿日元。

在这个过程中,我遭遇到各种财务和税务上的问题,我都依据自己的经营哲学,从正面解决。对每一个具体事件我都深入思考,直到能说服自己为止。对于会计、财务本来应该是怎样的,会计管理应该是怎样的,我都有了自己独特的见解。

这样形成的会计学,和京瓷独创的"阿米巴"经营管理模式一起,渗透到企业内部,成为京瓷快速成长的原动力之一。

这里谈到了资产负债表,现在以京瓷的资产负债表为例,做更详细的说明。表 3-1 左侧的资产部分表明了 2003 年 3 月 31 日这一时点京瓷持有的资产状态。

公司有各种组织,有总部和工厂等各种建筑物,这样显得很复杂的公司,在金钱方面是什么状态呢?在资产部分,公司所有的资产用金额表示,这很清楚,并分成流动资产和固定资产。

如果打个比方,把公司比作人的肉体,资产部分就好比身高多少、体重多少、握力多少。其特征用金额表示。

下面请看负债部分和资本部分(现在是纯资产部分)。刚才所说的资产部分是指京瓷这个公司身高、体重是这么多,肌肉是这么多,用金额表示。负债部分和资本部分是表示形成这样的体质,营养是从哪里来的。

也就是说,资产负债表表明了使用负债和资本的结果,形成了具有这么多资产的公司。

表 3-1 京瓷资产负债表示例

（资产部分）	百万日元	（负债部分）	百万日元
流动资产	442 887	**流动负债**	145 257
现金及存款	208 418	应付票据	—
应收票据	47 526	应付账款	50 766
应收账款	74 155	其他应付款	63 600
有价证券	14 649	应付费用	7 571
产成品	21 829	应付法人税等	8 500
原材料	19 413	存款	2 722
在制品	19 838	奖金准备金	10 900
库存品	525	产品保证准备金	778
递延税金资产	28 592	退货损失准备金	217
短期贷款	4 036	设备购买应付票据	—
其他应收账款	2 737	其他流动负债	201
其他流动资产	1 191		
坏账准备金	△26	**固定负债**	84 267
		递延税金负债	15 154
固定资产	651 785	离职补助准备金	67 596
有形固定资产	117 472	董事离职慰问准备金	1 176
房屋	38 924	其他固定负债	341
建筑物	2 451	（负债合计）	229 525
机械设备	36 012		
车辆运输工具	28	（资本部分）	
工具用具备件	9 016		
土地	30 386	**资本金**	115 703
在建工程	650		
		资本盈余	185 838
无形固定资产	2 576	资本准备金	185 838
其他特许权	2 576		
		利润盈余	522 904
投资等	531 736	利润准备金	17 206
投资有价证券	300 916	任意盈余公积金	476 276
子公司股份	194 160	特别折旧准备金	3 148
子公司出资	24 244	研发公积金	1 000
长期贷款	10 456	股利准备公积金	1 000
长期预付费用	3 935	离职工资公积金	300
其他投资	5 002	海外投资损失公积金	1 000
坏账准备金	△1 030	其他公积金	469 828
投资损失准备金	△5 950	当期未处理利润	29 421
		（内部当期纯利润）	(27 923)
		其他有价证券评估差额	92 735
		库存股	△52 033
		（资本合计）	865 147
资产部分合计	1 094 672	**负债及资本部分合计**	1 094 672

资产最上面的部分是现金及存款这个科目。京瓷在2003年3月31日这一时点有现金及存款20 841 800万日元。另外，在资本的部分有资本金这个科目，这是股东出资的金额。

在公司创建之初，看到资产这个部分，我就想："啊，京瓷有几百万日元现金和存款呢。"再看资本部分，因为当时京瓷的资本金是300万日元，我就想："哈，京瓷右侧有300万日元资本金，而且左侧还有几百万日元现金及存款。"也就是说，除了请股东投资的资本金之外，资产部分的现金及存款是手头持有的另外一笔资金。实际上，资本金改变了它的形态，在资产部分以现金及存款的形式呈现而已。这么简单的道理，当时我都不知道。

不限于企业，大学也好，国家也好，一切组织的状况都可以用资产负债表来表达。这样的话，大学或者国家的经营是否健全就可以一目了然。所以，我认为，关于资产负债表，在高中时期学校就应该教。如果大部分人在年轻时就养成观看这种表格的习惯，社会一定会运行得更好。我认为，工学部的学生能够理解这种观察事物的方法，是非常重要的。

依据原理原则,合理地理解会计

2. 我的会计学的基本思维方式(追究本质的原则)

在这里,我要说明我基本的思维方式,也就是我的经营学、会计学的出发点。

依据原理原则追求事物的本质,以"作为人,何谓正确"来进行判断。

在对事物做出判断时,随时追溯到事物的本质,同时,要以做人最基本的道德、良心为基础,把做人何谓正确作为基准进行判断,这是最为重要的。从27岁开始经营企业一直到现在,我一贯秉持这样的思维方式开展经营活动。我所说的做人的正确准则,就是孩童时代,乡下的父母常说的"这种事可做""那种事不可做"。就是小学、初中时,老师教导的"善恶"等极为朴实的伦理观。简单地说,可以用公平、公正、正义、勤奋、勇气、博爱、谦虚、诚实这些词汇来表述。

在经营活动中,在考虑所谓的战略战术之前,我首先考虑"作为人,何谓正确",以此作为判断的基准。

凡事都不追究本质,只是跟随所谓的常识,那么就不需要自己负责思考判断。或许有人认为,只要随大流,与别人做相同的事就没有什么风险,因为不是什么大问题，更不必特别较真，不必那么深入地思考。但是，只要经营者有一点这样的念头，我所说的依据原理原则经营就不可能实行。不管多么细小的事情都要追溯到原理原则，彻底地思考。这或许伴随极大的劳力和辛苦，但是，只有持续把任何人看来都正确的原则作为判断的基准，才可能在真正的意义上实现合乎道理的经营。

在经营的重要领域——会计领域，情况完全一样。不是马上去套用会计的常识和习惯，而是要再次追问什么是问题的本质，回归会计的原理原则进行判断。为此，我从不轻率相信一般公认的所谓"适宜的会计基准"等书，而是站在经营的角度，有意识地追问"为什么是这样""什么是它的本质"。

理解这一点也许有点难度，在这里我想说的是：应该将会计·财务放在企业经营的中枢位置。不这么做的话，无论多么擅长技术开发的公司，经营还是搞不好。

不过，即使把会计·财务放在中枢位置，也不可以借口"会计历来就是这么做的"，而将常识囫囵吞枣、照搬照抄。必须依据"何谓正确"这一原理原则，努力去理解会计。这是非常重要的。

实际上,作为一个外行,对公司的财务人员,我都会从根本上追问:"在会计上为什么必须这么处理?"一直到他们的说明让我内心认可为止:"原来如此。因为这个理由才会这么处理。"对于理工科出身的人这是理所当然的,我也不例外。所有一切如果不能合理解释我就无法接受,因为这是我的性格。

大家可能不太关心,经济财政政策担当大臣竹中平藏先生认为日本现在经济非常不景气,原因是银行有大量不良资产,而处理又很迟缓。因此出台了新的经济方针。

迄今为止,银行把钱借贷给各种企业,其中许多企业用这个钱买了土地,建造了许多楼房和工厂。但是经济泡沫破裂之后,地价大幅下落,在企业的车间里有许多闲置的生产设备,属于多余资产,企业无法归还贷款。不管银行如何催促还钱,企业都没钱可还。当然银行可以没收作为贷款抵押的土地,但是土地价格比起借方贷款买土地时的价格已经大大降低,根本收不回老本。这样的话,企业也好,银行也好,都有大量的不良资产,至今陷于水深火热之中。

因为日本的银行有大量不良资产又处理迟缓,所以受到全世界的严厉批判。从银行贷了款的企业,为了避免破产,正在拼命努力做到收支平衡。大量举债,根本无力偿还,勉强维持生存的企业随处可见。但这样的企业虽生犹死。这样下去的话,银行贷出的大量资金再等上几十年也难以收回。

持有这种危险债权的银行却坚持说"本行的运行是健康的"。这从世界的规则来看未免可笑。因为有相当多金额的贷款有无法偿还的可能性,所以这部分贷款应该作为呆账准备金处理,有这样的规则。另外,金融厅也有指示,即使贷款人还没有破产,但在贷款人因破产而导致债权丧失的危险存在时,计上呆账准备金是必要的。

呆账准备金这一科目放在资产部分固定资产之下。因为是贷出去了但可能收不回的资金,所以用负数表示。贷出的款可能全都收不回来,为此做好准备,作为呆账准备金计算损失,做好长久之计。

但是,国税厅却说,作为损失计算的这部分不能从征税对象中扣除。银行将贷款作为呆账准备金处理,但贷款企业还没有破产,所以,国税厅的意见是:"你作为呆账准备金做账没关系，但税法没变。贷款企业还没有破产，所以要作为已经损失的资金处理，我们不认可。"也就是说，即使银行认为这笔贷款无法回收，作为呆账准备金处理了，但国税厅认为贷款企业还活着，所以不承认呆账准备金就是损失的坏账，所以这个准备金的一半左右还得照章纳税。

但是作为税金交纳的部分，在贷款企业实际上破产时，可以返回银行。所以这个部分要作为资产部分流动资产中的"递延税金资产"列入。如果贷款企业破产，以前支付的税金会返回银行，所以可以把它算作资产。其结果，资本部分的利润余额也要增加相同的金额。

看一看表3-1中的资本部分，京瓷的资本总计是8651亿日元。京瓷具有这么多的自有资本。相对于总资产的自有资本的比例叫作自有资本率。京瓷达到了79%。对于银行而言，这个指标低于8%的话，就不可以开展国际业务。要进行国际性贷款业务，银行自身必须健康，所以作为基准，自有资本率不能低于8%。

现在，日本的银行自有资本率勉强维持在10%左右。但是，在自有资本中，以前作为税金交纳，估计不久就会返回的递延税金资产，这部分的金额要占到自有资本的1/3。竹中大臣却突然宣布："把将来要返回的那么多税金列入资本，这不好办，要设置上限。"这样的话，银行的自有资本率就可能下降到8%以下。那么，按照国际规则，日本的银行将被迫从国际业务中撤退。这就引起了银行的惊恐，"这不是违背承诺吗"，于是向政府抗议，与政府发生激烈的争执。

把上面的话整理一下。银行把钱借给了可能破产的企业，金融厅告诫银行："贷款企业已处于危险状态，可能快要破产了，请你们做好坏账的准备。"于是银行列出了呆账准备金。但是，税务当局却说："贷款企业还没有破产，把贷款列入损失未免过早，这部分作为损失金额处理不予认可，所以其中一半要作为税金交纳。"也就是说，一方面金融厅要求银行"安全经营"，银行采取了上述措施。这么做了以后，另一方面税务署又来收税。不过，银行不是交税就完了，待贷款企业真的破产后，交纳的这部分税金可以返回，所以列入递延税金资产，这部分可以用来增加自有资本。但是竹中大臣却宣布"将递延税金资产列入自有资本要设置上限"。所以引起激烈争论。

银行方面觉得"既然政府那样决定了，就没办法了"，按官厅所言，照单全收。如果上面说"向左"就向左，"向右"就向右，那就无法经营企业了。

我认为，在这次争论中，竹中大臣的说法是错误的。依据原理原则思考，递延税金资产计入自有资本是正确的。如果要限制，必须从更根本的部分重新思考。本来，税务当局和金融行政部门分离，在综合性上就不合理，国家这么运行本身就是一个大问题。估计今后这个问题还会变得更大。

理解这个问题也许有点困难。我想强调的是：企业经营也是这样。重要的是依据原理原则思考什么是正确的，要这样去理解会计这个事物。

不是说因为上面决定了，就不分青红皂白，照单全收。而是对照何谓正确这个本质，思考到自己内心真正认可为止。这一点对于任何事情都能适用。这么做的话，现在日本被称为会计学权威的学者在争论有关会计制度的问题时，他们的论点我们也能充分理解，究竟哪个讲得对，我们也能做出判断。对于任何事情都不能囫囵吞枣，都必须依据"作为人，何谓正确"的观点做出判断。

这一点对于学问而言也一样。读了某人发表的论文,对他的主张也不能囫囵吞枣。"有这种学说,但我要自己验证",必须这么思考,再次确认。这么做才能发现新的事实。从这里出发才会产生发明创造。不限于会计这个方面,对自己具备自信,把做人的正确信念贯彻到底,这才是最重要的。

用经营和会计的原则思考折旧

折旧和根据原理原则的判断

在会计领域如何依据原理原则进行判断,我想用固定资产折旧年数为例来说明。

比如,问财会人员:"购买机械设备为什么要考虑折旧?""机械设备使用时并不改变形态,这与原材料不同,原材料会改变形态,变成产品。因此,可以用上几年的机械设备作为费用一次性打入成本不合理。"

"那么,不停地使用,等报废时再一次性打入成本显然也不合理。所以正确的做法是,确定机械设备能够有效工作、正常生产产品的年数,在此期间内分摊该机械设备的成本。"这样的回答可以接受。

对于在座的学生来说，我想，听到这里出现的"折旧"这个词汇恐怕是第一次吧。

在公司开始运行时，把购入的机械作为例子来考虑。我的情况是，帮助我办公司的朋友从银行贷款，用这个款项购买了机械。机械在使用过程中磨损。用机械购入时的价格除以机械的耐用年数的计算方法计算折旧费，列入每年的费用之中。

例如做包子的企业，需要和馅与和面粉的机械。为此，购入机械，加工面粉、小豆、砂糖，用机械混合，做出包子。从包子的销售额中减去面粉、小豆、砂糖等原材料费用，再减去电费、机械费等费用，剩下的就是利润。关于机械费用折旧，如果机械可用10年，一年的折旧费就是机械价格的1/10。用折旧这个词或许难以理解，可以认为机械用了10年后就不能用了。

机械总有寿命，包子铺要开下去，就要购买新的机械。最初购买的机械在折旧时作为费用计算，这部分钱每年储存的话，10年后当机械不能使用时，购买新机械的资金已经储存好了。相反，机械折旧的那份钱不予储存的话，当机械损坏时，就不能购买新的机械了。折旧既可以看作机械的使用费，也可以认为是为了购买新机械的准备金。这就是折旧的概念。

机械是要花钱购买的，所以折旧的钱应该储存起来。更何况当初是从银行贷款购买的机械，用了10年后，公司打算关门的话，必须用折旧储存的钱归还银行的贷款。从这个意义上讲，折旧的钱应该储存起来。

假定花10亿日元造一座钢筋水泥的房屋，假定折旧期限为30年，那么10亿日元在30年内折旧完毕。使用这座房屋还要花费照明费等各种费用。加上这些费用，房屋的折旧费必须列入成本。

但是，实际上，在国家或地方自治体方面，却没有房屋折旧这个概念，它们做的会计让人不可思议。因此，县和市经营的公民馆或酒店、商品展览会馆等，因为不发生折旧费，所以费用就花得很少。但是，当房屋老化想要重建时，因为没有储存的钱，只好再次征收国民的税金。再补充一句，政府建造的设施，尽管不提取折旧，仍然会出现赤字。如果采用与民营企业相同的会计计算，就会出现很大赤字，这是很可怕的。

但是在会计常识上，使用年数按照所谓"法定使用年数"计算，即对照日本大藏省颁布的折旧年数一览表来决定设备的折旧年数。

按照这份一览表，新型陶瓷粉末成型设备归属于"陶瓷器、黏土制品、耐火物品等制造设备"一项，使用寿命规定为12年。根据这一规定，用于硬度极高的新型陶瓷粉末成型，因而磨损极快的机械设备也要折旧12年。与此相比，加工砂糖和面粉，磨损并不厉害的设备却归入"面包及糕点制造设备"一项，使用寿命为9年，比新型陶瓷设备还要短。

这一规定令人难以接受。按不同设备的正常使用寿命来分摊费用是理所当然的，实际上却要按所谓"法定使用年数"折旧，对这种明显不合理的规定，经营者岂能泰然接受。

"法定使用年数"是重视"公平课税"的税法中规定的，它并不承认不同企业的不同状况，而规定了"一律公平"的折旧年限。按照我的经验，新型陶瓷设备如果24小时连续运转，即使精心地维护保养，至多也就能使用五六年，因此折旧年限应该按设备能够正常使用的年数来确定。

但是，财务、税务专家说："即使在结算处理上按

6年折旧,但因税法规定必须12年折旧。所以,如果那样做,前面6年折旧费增加,利润减少,但计算税金时又要按法定使用寿命12年折旧,结果是利润减少税却不减,变成有税折旧。"他们或许认为:"税务上的使用年限是法定的,大家都在遵守,标新立异,做与众不同的事并不聪明,实际处理上折旧计算做两本账也太麻烦。"许多经营者在专家的这类意见面前退缩了,"是这么回事啊,那就算了"。

但是,就算实务上常识是这样,根据经营和会计的原理原则,就是交税也应该折旧。只能用6年的设备却要花12年折旧,就是对不能再使用的东西继续折旧,就是说实际使用的6年中折旧金额太少,把这部分放到后面的6年中折旧。

"事实上发生的费用不打入成本,从而增加当期利润",这种做法既违反经营原则也违反会计原则。每年若无其事这么做的企业不会有前途。只是消极地遵从所谓"法定使用年数"的惯例,忘记了"折旧到底是什么""经营上应该怎样判断才对"这种本质性的问题。

所以,京瓷不依照法定使用寿命折旧,而根据设备的物理寿命、经济寿命进行判断,确定"自主使用寿命",依此折旧。具体来说,大致是法定使用寿命的一半，即4~6年。变化特别迅速的通信机械设备，税法上使用年限为10年，我们也将其大幅缩短。在会计上实行所谓"有税折旧"，税务上按税法上规定的使用年数另外计算折旧。

这里提到了所谓"法定使用年数"。如果每个企业随便决定折旧年数就不公平，所以财务省就规定了各类机械的使用年数分别为多少年。只要照此执行，折旧部分就不收税。但是这个"法定使用年数"与刚才读的那一段对照，就不对头。混合陶瓷的机械磨损很快，但相比磨损不大的做点心的机械，折旧期限更长。但税务署认为，各个企业都说"我们企业应该这样计算才对"，这不能认可。要按上面的决定执行。

但这么一来，企业就为难了。比如，国家认为该机械可用15年，耐用年数规定为15年。但因为使用方法特殊，机械只能用3年。比如该机械价值150万日元，要花15年才折旧完，每年只有10万日元可以打入成本。但是只用3年机械就坏了，费用只打掉30万日元，还剩下120万日元贷款未还机械就不能用了，结果企业就背负了很大的不良资产。如果明明只能用3年，那么必须让有关部门认可3年折旧。

然而,税务署却不认可。150万日元的机械3年折旧,每年就要打入成本50万日元,但税务署说:"不行,只认可10万日元,另外40万日元是你们随意所为,其中一半20万日元要作为税金征收。"这样,公司要算上50万日元的费用之外,还要交纳20万日元的税金。但是即使如此,公司还是应该在机械的安全使用期内把折旧打完。也就是说,在比"法定使用年数"更短的期间内折旧。如果没有这样的收益能力,企业就很难顺利经营,这就是我想说的。

自己公司的折旧费应该是多少,思考这个问题的经营者几乎没有。大家都按法定年数折旧,不提出任何疑义。

例如,在楼房里装空调,空调设备几年折旧,使用年数全国都一样。但是,在沿海地区因为空气潮湿,与山地无风地区相比,空调的使用寿命很不一样。在海边因为腐蚀严重,在比"法定使用年数"短很多的期间内空调就坏了。但因为折旧还没有折完,已经丢弃的空调还在继续折旧,这时又要借钱买新的空调,新空调又要折旧,经营难免陷入困境。与其如此,哪怕交税,也要及时折旧,借以增加经营的稳定性,这是很必要的。

由此可见，折旧年限非常重要，但是在作为经营专家的经营者中，在经营企业中考虑这一步的人几乎没有。

追求事物本质的禀性在企业会计中也能发挥作用

《稻盛和夫的实学》这本书是以会计为基础阐述企业经营的书。书中的观点是基于我自己基本的禀性。我在鹿儿岛大学工学部应用化学专业毕业后，在京都一家企业从事精密陶瓷的研究开发，在那里留下了某种业绩。在积累经验的过程中，"从根本上思考事物"成了我的习性。我想，特别是理工科出身的人有这种倾向："事情原来就是那样"——不管别人怎么说明，不理解就不能接受，而要追问"那是为什么，为什么"。我也是这种性格。

在企业经营中，必须遵照原理原则去追求事物的本质。我称之为"追究本质的原则"。

我的思想背景中，具有彻底追究事物本质的禀性。在技术领域和研究领域，我之所以比别人做得稍微好一点，我认为理由就在这里。遇事不是盲目相信，不是囫囵吞枣，而是思考"为什么，为什么"，不追及本质，就不会轻易认同，不会信服。是这种禀性起了作用。

这种禀性在我的专业领域之外的会计领域也发挥了作用。"在会计上就是这么处理的"，尽管专家这么说，我还是要思考"为什么会是这样的""为什么，为什么"，这样追究本质，直到说服自己为止。

企业经营中所谓"泥土气"最重的地方就是会计和财务领域。财务和会计是计算金钱的，我们理工专业学习的高等数学用不上，基本上只用加法和减法，偶尔用上一点乘法和除法，只需要简单的计算。因此，即使是文科出身的经营者，除了商学、经济学专业毕业的人之外，一般人都看不起会计和财务。这是社会的一种风气。文科出身的人尚且如此，更不用说理工科出身的人，他们都认为这同自己的专业毫不相关，因而敬而远之。

但是，经营者既然要经营企业就不可以轻视会计和财务这个领域，非但如此，而且必须彻底理解。因为我这么想，所以在学习会计时，同研究开发时一样，"为什么会这样"，总是带着疑问。其结果是，"会计原来是这样的",我的理解水平达到了我自己能够认同的阶段。当努力思考达到本质时,对事物的理解就会非常透彻。首先我自己要深入理解,以此为基础,展开京瓷的会计工作。

这个会计学就是"实学",是活的学问。从这个意思出发,将这些内容归纳而成的这本书,就加上了《稻盛和夫的实学》这个题目。

这本书的读者非常之多。开始时有人说:"这是理工科出身的经营者写的会计书籍,不会畅销。"但是让人意外的是,在读者中,共鸣最强烈的却是财务和会计的专家。在企业里做财务和会计的人读了以后,都表示赞同:"说得真好!"

据说,以前他们向社长和董事解释企业情况时,听的人很难理解。因为我把他们想解释的东西归纳得一清二楚,所以这些财务和会计专家觉得"正合我意",就会把这本书拿到社长和董事那里,并说:"请你们读一读这本书。我以前给你们讲的理由,这里写着呢。"因为可以借此说服社长和董事,所以他们觉得非常受益,并向我表示感谢。因为这样的事情在各企业里刚刚开始,有的大企业的经营者也说:"那我也要读一读。"读这本书的人慢慢增加了。虽然只是一本商务书籍,但后来销量超过了30万册,成了畅销书。

《稻盛和夫的实学》的内容是依据会计阐述企业经营的思想,但这种实学的由来,乃是理工科出身的人,以追究事物本质的态度和思维方式,切入到会计学这门学问所获得的结论。如果这么理解的话,学理工的各位同学在今后的研究工作中,也可以用同样的思路把事情做好。所以我才对大家讲这些内容。

不对的事情就说不对

判断基准不拘泥于常识

常识往往强有力地支配着人心,关于这一点,我想以自己年轻时经历过的实例说明。

过去"票据贴现押金存款(担保存款)"非常普遍。在1959年京瓷创立之初,每当在银行贴现支票时,理所当然地都要被强制存进一定比例的"票据贴现押金存款",这是因为银行贴现票据时如果遭拒付,银行不会承担风险,公司必须自己承担拒付支票。但是,银行又担心我们不依约买回拒付票据,作为担保,就强制性采用"票据贴现押金存款"。

这种做法是为了预防银行风险,这点可以理解。但这种强制存款随贴现票据越积越多,哪怕超过了票据的贴现余额,仍要继续强制存款。当公司内部讨论银行要求提高强制存款比例时,我提出这种强制存款的做法难以接受。但以财务人员为首,周围的人都笑我,强制存款是常识,我说它不对,是极端的"非常识",没有人把我的意见当回事。

但不久后,这种票据贴现押金的强制存款和担保存款都被废止了,因为它遭到批评,被认为是银行为提高自身收益的不公正举措。这件事给了我很大的自信:"无论是什么常识,道理上不对的事,最终世人还是会明白并承认它的不对。"

如这里所写,过去流行票据贴现押金的强制存款和担保存款。因为是专业性太强的用词,所以同学们难以理解,我做一个简单的说明。

日常生活中购物时的支付方法,最普通的是现金支付。在做生意时一般都用期票。所谓期票,就是从现在开始几个月以后的某月某日,多少钱,通过哪个银行支付,这样一种承诺。

京瓷也是这样。产品卖出去后，在回收资金时不是收现金，而是拿到三个月后的期票。制造产品需要用的材料费和员工工资要用现金支付，需要用钱。但是，产品在交货三个月以后才能收到货款，在这期间现金可能青黄不接。于是，就把期票拿到银行，告诉银行"我们把产品卖给了这家公司，拿到期票，约定三个月以后用现金支付，请将此贴现"，请银行贴现期票。

银行见到期票，就会说"不错，开出这张票据的企业是有信用的，就成交吧，但贴现期票要减去这三个月的利息"，于是就贴现期票，把扣去利息后的现金支付给我们。同时，比如要贴现 100 万日元的期票，过去银行就会说"请存款 10 万日元"，这被称为"票据贴现押金"。万一 100 万日元无法回收时，因为有这个一成即 10 万日元存款，所以可以将风险对冲。

比如，每个月都拿去三个月满期的 100 万日元期票，请银行贴现。那么期票每个月都增加，但因为三个月后银行就能回收款项，因此向银行"借"款的余额最多就是 300 万日元。

但是另一方面，每个月存 10 万日元的"票据贴现押金"，三个月就达到 30 万日元。持续下去，押金总额不久就会超过300万日元。为此，京瓷内部过去曾有过如下的争论。

因为财会人员说："票据贴现要存押金。"我就说："请等一等，现在押金一直在存吧，一次也没有用来抵冲吧。"回答："是。"我又问："那押金金额已有多少？"回答："300万日元"。又问："现在我们拿到银行要求贴现的期票余额是多少？"答："300万日元。"于是我说："那样的话，已经100%担保了，不需要继续存贴现押金了，已经足够了。"但财会人员说："不，一次请银行贴现100万日元，还必须存进10万日元。"我问："那今后每次还要存10万日元吗？"答："是的。"

这样下去的话，如果一年中再存100万日元，就变成了400万日元，再积一年的话，就成了500万日元。银行只"贷"出300万日元，却要企业存500万日元的担保押金，这不是蛮不讲理吗？我这么一说，财会人员就犯愁了："跟银行打交道，押金是必要的，这是常识。如果发表相反的意见，引起银行不满，今后需要银行帮忙时，它们就会刻意刁难，不肯贷款。这一点如果社长不能理解的话，我们就为难了。"

我考虑的是："贴现押金是银行怕贷款无法回收，

为了避免风险而采取的措施，因此，既然100%担保了，就没有必要再增加了。"但在当时，"如果银行坚持这么做的话，也没办法"，虽然对此有疑义，但我仍然认可了继续存入押金。

此后不久，当时的大藏省向各银行发出通知："银行要求中小企业存入贴现押金是蛮横行为，岂有此理！"看到这份通知，我如立奇功，大喜过望。"你瞧！不对的事情毕竟是不对的！"我还特地对财会人员说了这话。

我之所以能够断言"不对的事情就是不对"，是因为我立足于原理原则，从逻辑上思考事物的结果。对理工科人员来说，这是理所当然的思维方式。在同学们中间，学习科技，有人将来可能创建公司当经营者，或者当工薪族，逐渐成长，当上社长或董事。站到这种立场上，自己专业之外的会计也必须学习理解。到那时，理工科的思维方式完全没有必要加以改变，以追究本质的姿态思考问题是非常必要的。

判断不拘泥于常识

还有，相对于销售额，在销售费、一般管理费的比例上，也有对所谓常识的迷信。比如某行业，销售费、一般管理费占销售额的15%，这是常识，因为行业内各企业的销售组织、销售方法都大体雷同。

因此，新入行的企业就以相对于销售额15%的销售费、一般管理费为前提开展经营。这样，不知不觉，这家新企业就与其他企业趋于雷同，只是模仿别的企业，这就等于自动放弃了从根本上思考重要的经营课题的机会："为了更有效地销售本公司的产品，究竟应该采用怎样的销售组织、销售方法呢？"

不仅如此，"这种行业、这种规模，税后的营业利润率也就是5%~6%"，如果被这种常识框住，无论如何，结果利润率只能停留在那个水平上。奇怪的是，尽管每年工资都上涨，却仍能维持这样的利润水准，但要超越这种水准，却怎么也做不到。

这些例子说明，所谓常识很容易束缚人们的头脑，尽管过后想起来会觉得不可思议。

当然，我并不是说要从一开始就否定常识，问题在于，本来在一定条件下才成立的"常识"，被当成了永远正确的东西，囫囵吞枣，生搬硬套。在不断变化的经营环境中，不被这类"常识"捆住手脚，透视事物的本质，不断做出正确的判断，非常必要。

以上所述是我最基本的思维方式,可以说是我思想的出发点,因此也是我在经营中思考一切问题的基础,当然也是在会计领域中必须贯彻的思想。

最后的一段话"以上所述是我最基本的思维方式,可以说是我思想的出发点,因此也是我在经营中思考一切问题的基础,当然也是在会计领域中必须贯彻的思想",在理工科的开发研究方面,就更是如此。

因为上面这段话过于专业,我想同学们很难理解,再稍微说明一下。

上面有这句话:"相对于销售额,在销售费、一般管理费的比例上,也有对所谓常识的迷信。"这是指损益计算表中的科目。用京瓷的决算资料(见表3-2)说明。从2002年4月1日起至2003年3月31日止的一年间,销售额为48 283 400万日元,销售成本为37 422 500万日元。销售费及一般管理费为6 620 100万日元。销售人员为销售产品所花的费用即销售费,总务、财务等整个公司的管理部门的费用即一般管理费,合计是6 620 100万日元。

表 3-2　京瓷的损益计算表

年度 科目	本年度 (自 2002 年 4 月 1 日至 2003 年 3 月 31 日) 金额 (百万日元)	比率 (%)	上年度 (自 2001 年 4 月 1 日至 2002 年 3 月 31 日) 金额 (百万日元)	比率 (%)	增减 增减金额 (百万日元)	增减率 (%)
(经常损益部分)						
销售损益						
销售额	482 834	100.0	499 264	100.0	△16 429	△3.3
销售成本	374 225	77.5	385 740	77.3	△11 514	△3.0
销售费及一般管理费	66 201	13.7	75 159	15.0	△8 958	△11.9
营业利润	42 407	8.8	38 364	7.7	4 043	10.5
营业外损益						
利息收入・红利	13 472	2.8	15 473	3.1	△2 001	△12.9
汇兑差收益	—	—	3 753	0.8	△3 753	—
其他收入	6 105	1.2	3 587	0.7	2 517	70.2
营业外收入	19 577	4.0	22 814	4.6	△3 236	△14.2
支付利息	19	0.0	17	0.0	1	6.3
汇兑差损失	4 650	1.0	—	—	4 650	—
其他损失	2 631	0.5	4 748	1.0	△2 117	△44.6
营业外费用	7 300	1.5	4 765	1.0	2 534	53.2

经常利润	54 685	11.3	56 412	11.3	△1 727	△3.1
（特别损益部分）						
特别利润	7 230	1.5	1 603	0.4	5 627	351.0
特别损失	13 339	2.7	6 293	1.3	7 045	112.0
本年度税前纯利润	48 576	10.1	51 722	10.4	△3 146	△6.1
法人税、居民税和事业税	13 046	2.7	22 137	4.5	△9 091	△41.1
法人税等调整金额	7 605	1.6	△4 890	△1.0	12 496	—
本年度纯利润	27 923	5.8	34 475	6.9	△6 551	△19.0
上年度滚存利润	7 048		6 376			
库存股处理差额	0		—			
中间分配金额	5 550		5 671			
本年度未处理利润	29 421		35 180			

销售费及一般管理费占销售额的比例为 13.7%。上一年,销售费及一般管理费占比为 15%。上一年的销售额稍多一些,为 4992 亿日元,销售成本今年是 77.5%,去年是 77.3%。制造部门的成本大体相同。销售费去年是 15%,今年努力削减,压缩到 13.7%。其结果是,营业利润为 8.8%,有 424 亿日元的营业利润,去年是 7.7%。销售费及一般管理费压缩 1.3%,营业利润就增加 1.1%。所谓营业外收入是指普通的营业活动之外的收益,包括在金融机构存款获得的利息、股票红利、汇率损益、其他杂收入等,共有 195 亿日元,占销售额的 4.0%。

营业外费用有杂费损失、汇率损失、支付利息等共 73 亿日元,营业利润 424 亿日元加上营业外收入,减去营业外费用,得出经常利润为 546 亿日元。

对制造业来说,销售费及一般管理费要占销售额的 15%,多数人对此深信不疑,这成了常识。

拿制造、销售烧酒的企业来说,制造部门造好的酒拿到东京等各地区的门店销售。为此,销售部门花费的费用和总务等间接部门花费的费用,即销售费和管理费,A 公司或许是 15%,B 公司或许是 20%,C 公司或许是 10%。

各公司的销售方法不同,有的公司利用总代理大力推销;有的公司靠自己一步一步努力推销;有的公司大量使用广告宣传推销。公司不同,销售费及一般管理费自然不同。

制造花费的销售成本,比如薯类烧酒所用的薯及曲子(麹)的成本以及员工的工资大体相同,没有大的差别。但销售费和管理费因做法不同而大相径庭。尽管如此,很多公司仍然认为"因为这家酒厂与那家酒厂的销售费和管理费都是 15%,所以我们花 15% 是妥当的"。

这种常识没有必要。"别的公司花 15%,我们要用更少的费用去卖",为什么不这么想呢?这种费用通过努力,只要动脑筋就可以压缩。不过要做到这一点,就需要追问"为什么",必须具备追究本质的思维方式。运用这种思维方式就是经营的本质,这不过是一个例子。

另外,在上面读过的部分,我发现了一个有趣的现象。"令人不可思议的是:尽管每年工资都上涨,却仍能做出某种水准的利润,但更高的利润无论如何也做不出来。我认为这样的例子说明,人是多么容易被常识所束缚,尽管事后思考的话,这种常识非常可笑。"

也就是说，那么聪明、那么优秀的经营者竟那么容易就被常识局限。这样的例子在工资问题上也表现出来。

那是怎么回事呢？在二三十年以前，日本进入经济复兴期，经济快速增长，当时每年的工资一般都要上涨5%～6%，有的年头甚至涨了20%～30%，结果，从国际水准看，日本的工资基准也非常之高。

另外，当时的大企业，包括三井、三菱等有名的旧财阀系统的优秀企业在内，营业利润率都在2%～3%。因为销售额巨大，所以做出2%～3%的利润就被认为是非常出色的公司了。

在这个过程中，工资不断上升，按照经营正常的企业的标准，虽然因行业不同而有所差异，但包括临时工、钟点工在内，人工费占销售额的比例一般都在30%上下。人工费超过30%，经营企业就非常吃力，这是常识。支付30%人工费的企业，如果人工费一年得上涨30%的话，那么人工费对销售额的比例就要增加9%（＝30%×30%）。利润只有3%，费用一下子增加9%，那么利润就是－6%，就是跌入亏损。

京瓷现在还有10%左右的高利润率，被认为是高收益企业，但当时的利润率是25%～30%。作为高收益企业，京瓷有余裕，消化得了大幅度的工资上涨，但是大企业没有这样的余裕，工资大幅上涨当然就会落入赤字，我当时就是这么想的。

但是，事实上大企业没有一家出现赤字。利润率即使保不了3%，2%还是做出来了。我就觉得"怎么回事啊，不可思议呀"，理应跌入赤字，结果却没有。

那是因为做出3%左右的利润是常识，大家都这么想。做不出3%左右的利润，就没有面子，丢人了，所以展开猛烈的削减成本的活动，因为拼命努力，所以并没有落入赤字。这一奇妙的现象一直反复出现。

"否定常识，从事物的本质出发思考，依据原理原则思考"，我一贯这么强调。但是，大多数人深信常识，认为利润就该是3%左右，"赤字很难为情，一定要做出3%的利润"，因为这么想，即使费用上涨9%，一阵猛干，合理化效益8%，所以离3%是差了一步，但还是做出了2%的利润。

一年就能够合理化8%，那为什么每年只能做出2%～3%的利润呢？准备消化两年的工资上涨，在第一年就集中努力的话，2%～3%的利润理应加上8%，利润率应该达到10%～11%。

人在火灾发生时，因为"火灾现场的爆发力"，可以抱着难以置信的重物逃离现场。从经营者的常识看来赤字是耻辱，在被逼入赤字的紧急状态下，经营者拼命想要逃离，爆发力就出来了，8%的合理化成功了。

这种爆发力在工资没有上涨的时候出来的话，就能够把公司做成高收益的公司，这是完全可能的。然而，"我们这个行业做出3%的利润已经是竭尽全力了"，不知为什么，经营者总是会这么想。这么一想，利润率就不可思议地停滞不前了。由此可见，常识这个东西紧紧束缚着人的心理。

不限于企业经营，在研究开发时，人的心理作用也非常之大。希望大家务必把这一点放在头脑里。研究开发接连获得成功的人，都是具备不为常识束缚的心理状态的人。

今天就讲到这里，谢谢。

要 点

日常的生活也好，企业经营也好，国家的公共事业也好，收入的钱和使用的钱如何平衡是关键。用什么形

式，收入多少钱，花费多少钱，收支是否平衡，这对于财政运行是否健康正常是十分重要的。从家庭到企业乃至国家，无论哪个领域，从取得收支平衡这个意义上来说，会计都很重要。

○

如果收入的钱与支出的钱不能平衡的话，那么家庭也好，企业也好，自治体也好，甚至国家也好，都会破产，这是理所当然的事。只要经营企业的人知道会计就行了，我们常常这么想。但这是不对的。

○

日本大企业的经营者，其中大多数人都不懂会计却在经营企业。从处理会计的财务部门出身的经营者很少。大半都是在销售部门、制造部门等现场努力钻研，而后成为企业领导人。因此，领导人中懂会计的非常之少。他们认为会计资料请公证会计师和税务师做就行了，自己不懂会计也没关系。但是，这是不对的。领导人自己必须要懂会计。

○

进账的钱和用掉的钱要认真管理，这样的事，个人很难做到，另外，公司也很难做到。所以，一般情况下，中小企业的经营者都会委托税务师和公证会计师，进出的钱款都请他们计算。但是，像这样依靠别人是搞不好经营的。

○

不限于企业，大学也好，国家也好，一切组织的状况都可以用资产负债表来表达。这样的话，大学或者国家的经营是否健全就可以一目了然。所以，我认为，关于资产负债表，在高中时期学校就应该教。如果大部分人在年轻时就养成观看这种表格的习惯，社会一定会运行得更好。

○

应该将会计·财务放在企业经营的中枢位置。不这么做的话，无论多么擅长技术开发的公司，经营还是搞不好。不过，即使把会计·财务放在中枢位置，也不可以借口"会计历来就是这么做的"，而将常识囫囵吞枣、照搬照抄。必须依据"何谓正确"这一原理原则，努力去理解会计。这是非常重要的。

○

对照何谓正确这个本质，思考到自己内心真正认可为止。这种态度对于任何事情都能适用。不限于会计这个方面，对自己具备自信，把做人的正确信念贯彻到底，这才是最重要的。

○

将陶瓷混合的机械，在比"法定使用年数"短得多的期间已经磨损得不能用了。但税务署不认可在此期间内把折旧打完。公司却必须把多余的费用打进成本，并且交税。但是即使如此，公司还是应该在比法定年数更短的期间内把折旧打完。这对于增加经营的稳定性是必需的。如果没有这样的收益能力，企业就很难顺利经营。

○

经营者既然要经营企业就必须彻底理解会计和财务这个领域。因为我这么想，所以在学习会计时，同研究开发时一样，"为什么会这样"，总是带着疑问。其结果是，"会计原来是这样的"，我的理解水平达到了我自己能够认同的阶段。当努力思考达到本质时，对事物的理解就会非常透彻。

○

我之所以能够断言"不对的事情就是不对"，是因为我立足于原理原则，从逻辑上思考事物的结果。创建公司当经营者,或者当工薪族,逐渐成长,当上社长或董事,就必须认真理解会计。到那时,以追究本质的姿态思考问题是非常必要的。

○

销售费及一般管理费要占销售额的一定比例,多数人对此深信不疑,这成了常识。销售费和管理费因做法不同而大相径庭,但很多公司依然认为"别的公司是这个比例,我们公司也这么做才妥当",这种常识没有必要。这种费用通过努力,只要动脑筋就可以压缩。不过要做到这一点,就需要追问"为什么",必须具备追究本质的思维方式。

○

低收益没有余裕的企业在工资大幅上涨时,当然就会落入赤字,但结果并没有。那是因为"做出这个比例的利润是常识",经营者都这么想,如果做不到,就没有面子,丢人了,所以展开猛烈的削减成本的活动。"我们这个行业做出这些利润已经是竭尽全力了",这么一想,利润率就不可思议地停滞不前了。由此可见,常识这个东西紧紧束缚着人的心理。

解读《稻盛和夫的实学》：
我的会计学与经营

鹿儿岛大学京瓷经营学讲座
2003年7月7日、10月8日

"鹿儿岛大学京瓷经营讲座"是作为京瓷社会贡献的一环，在稻盛的母校鹿儿岛大学举办的公益讲座。从2002年开始，稻盛以工学部学生为主要对象，针对1998年出版的《稻盛和夫的实学》一书进行解读。

通过对财务报表的讲解，以及通俗易懂的事例，稻盛就自己的经营要诀"销售最大化，费用最小化""定价即经营"做了说明，指出"不懂会计就不能成为真正的经营者"，强调了会计在企业经营中的重要性。

经营的根本

拙作《稻盛和夫的实学》一书以会计为主题,我想以它为教科书进行讲解,今天从序章的第三节开始。

3. 我的会计学和经营

前一节中说明了我的会计学的基本思维方式。会计归根到底是经营的一个领域,下面我想阐明企业经营中的重要原则与会计的关系。

销售最大化,费用最小化

在京瓷刚创立不久时,我对会计还一无所知,我问财务人员:"这个月的结算怎么样?"他罗列许多难懂的词汇向我说明,我不明白会计术语。据说利润就分几种,分别有增有减。

我反复向面有难色的财务人员发问,最后我说:"明白了,简单说,销售减去费用剩下的就是利润,那么,只要销售最大化,费用最小化就行了,这样,你说的各种利润无疑都会随之增长。"财务人员说:"你这么说也不错,但也不能讲得太简单。"但在那一瞬间,我却明白了"销售最大化,费用最小化"就是企业经营的原点。

经营者无不追求利润,但许多经营者认为,要增加销售额势必增加费用,这就是所谓的常识。但是,如果把"销售最大化,费用最小化"作为经营的原点,那么,在增加销售额的同时,不是增加费用,而是保持费用不变,可能的话还要降低费用。我意识到这样去经营才更合乎道理。

增加销售额的同时还要降低费用,这不是随便就能做到的,这里需要智慧、创意和努力,利润只是作为结果产生出来而已。

这里所说"销售最大化,费用最小化"的内容是我经营的根本所在。经营就是追求利润。公司运营是否顺利,是由公司产出多少利润决定的。产出了多少利润,或者是亏损了多少金额,都体现在损益计算表上。下面,我以京瓷2003年3月的损益计算表(见表4-1)举例说明。

销售额一栏下面的是销售成本科目。在损益计算表上,销售成本只用了一行内容来简单体现。但实际上,销售成本是以精密陶瓷原料为主,还包括其他各种各样的主材辅材、水电费、生产设备折旧等在内的多种费用科目的合计。如果具体细分的话,科目会有几十行。关于详细记载费用科目的费用明细表资料随后进行说明。

卓越企业的经营手法

表 4-1 京瓷的损益计算表

年度 科目	本年度 （自2002年4月1日 至2003年3月31日）		上年度 （自2001年4月1日 至2002年3月31日）		增　减	
	金额 （百万日元）	比率 (%)	金额 （百万日元）	比率 (%)	增减金额 （百万日元）	增减率 (%)
（经常损益部分）						
销售损益						
销售额	482 834	100.0	499 264	100.0	△16 429	△3.3
销售成本	374 225	77.5	385 740	77.3	△11 514	△3.0
销售费用及一般管理费	66 201	13.7	75 159	15.0	△8 958	△11.9
营业利润	42 407	8.8	38 364	7.7	4 043	10.5
营业外损益						
利息收入·红利	13 472	2.8	15 473	3.1	△2 001	△12.9
汇兑差收益	—	—	3 753	0.8	△3 753	—
其他收入	6 105	1.2	3 587	0.7	2 517	70.2
营业外收入	19 577	4.0	22 814	4.6	△3 236	△14.2
支付利息	19	0.0	17	0.0	1	6.3
汇兑差损失	4 650	1.0	—	—	4 650	—
其他损失	2 631	0.5	4 748	1.0	△2 117	△44.6
营业外费用	7 300	1.5	4 765	1.0	2 534	53.2

经常利润	54 685	11.3	56 412	11.3	△1 727	△3.1
（特别损益部分）						
特别利润	7 230	1.5	1 603	0.4	5 627	351.0
特别损失	13 339	2.7	6 293	1.3	7 045	112.0
本年度税前纯利润	48 576	10.1	51 722	10.4	△3 146	△6.1
法人税、居民税和事业税	13 046	2.7	22 137	4.5	△9 091	△41.1
法人税等调整金额	7 605	1.6	△4 890	△1.0	12 496	—
本年度纯利润	27 923	5.8	34 475	6.9	△6 551	△19.0
上年度滚存利润	7 048		6 376			
库存股处理差额	0		—			
中间分配金额	5 550		5 671			
本年度未处理利润	29 421		35 180			

销售成本栏下面的销售费及一般管理费科目也只有一行，但是如果对其中的明细进行展开的话，就会发现有诸如东京营业所费用、海外营业据点费用等许多科目，这些科目的合计金额是662亿日元。

往下的科目是营业利润，营业利润下面是经常利润，再往下是本年度税前纯利润科目。在京瓷创业之初，因为我不懂会计，看了损益计算表后就向财务人员说了"有好多种利润啊"那样愚蠢的话。

从4828亿日元的销售额中扣去3742亿日元的销售成本，得出1086亿日元的销售总利润（毛利）。再扣除销售费及一般管理费的合计金额662亿日元，实际的营业利润是424亿日元。这是主营业务所得利润。

然后在营业利润上加减营业外损益。营业外收入包括利息收入·分红，合计134亿日元，其他杂项收入61亿日元。营业外费用包括支付利息1900万日元，汇兑差损失465 000万日元，其他杂项损失263 100万日元，合计金额为73亿日元。营业利润加上营业外收入，扣除营业外费用，得出经常利润546亿日元。之后，在经常利润上加减特别利润和特别损失后得出的485亿日元就是本年度税前纯利润。

在这基础上扣除法人税、居民税和事业税的 130 亿日元，以及 76 亿日元的法人税等调整金额后，得出本年度纯利润 279 亿日元。这是自己可支配使用的利润。但是，这 279 亿日元并不都是可使用的现金，部分利润是以库存、设备等形式存在的。

在创业之初，对会计知识一窍不通的我来说，上述内容都是从 0 开始向财务人员学习的。

为了能产出更多的本年度纯利润，我首先思考的是必须尽可能让营业利润多起来。也就是如果能在把销售额做到最大化的同时，将销售成本、销售费及一般管理费努力做到最小化，营业利润就能实现最大化。与此同时，尽可能控制向银行支付的利息和与主营业务无关的费用等，把注意力集中到如何在主营业务上做到销售最大化，费用最小化，这样营业利润就会增加，其结果就是经常利润也会增加。之后扣除一定比例的税金就成了本年度纯利润。

"销售最大化，费用最小化"这个单纯的结论是我在与财务人员的交流交锋中找到的经营原点。

虽然这是非常单纯的事情，但实践起来异常困难。将来，当诸位成为经营者的时候，或者被提拔为公司事业部部长的时候，可以尝试着用这个原点进行思考。销售额当然要增长，但是大家往往认为，如果此时销售成本、销售费及一般管理费不增长的话，增加销售额是不可能的。

以烧酒店为例，如果为了增加销售额而增加产量的话，那么就必须添置用于酿造的罐和厂房等，所以必须进行设备投资。但是，也有不搞设备投资而让销售额增加的方法，比如使用下述的外包业务的方式。

"因为这个城镇里有一些销售不太好的中小型烧酒店，如果从它们那边购入成品酒，贴上自己公司的商标，很简单就能增加销售额。"

只要自己具备销售能力，将制作烧酒的工作外包，购入成品烧酒，然后销售，这是增加销售额的最简单的方法。但是，如果烧酒品质不好的话，自己公司的信誉度就会下降。因此，为了保证烧酒的高品质，就必须对外包厂进行管理，就会发生相应的管理费用。另外，与自己制作烧酒不同，采用外包方式的话，外包厂所赚的利润部分会使烧酒的成本变高，这样虽然销售额增加了，但是利润没有增加。

这样的经营不行，不管销售额做得多大。销售必须增加，但经费不可以随之增加。

一般来说,销售增加费用也增加。但不能将这视为常识,要尽量增加销售,尽量减少费用。为此,必须动脑筋想办法。

如何动脑筋钻研,我以简单的例子说明。有一家公司每月的销售额是 100 万日元,购入成本是 80 万日元,月毛利是 20 万日元。销售人员有 2 名,人工费假设是 10 万日元的话,营业利润就是 10 万日元。

通过努力,销售额翻倍达到 200 万日元,购入成本也相应翻倍达到 160 万日元。销售量翻倍,如果只是单纯计算的话,销售人员需要增加至 4 名,也就是销售人员的费用将翻倍至 20 万日元。

如果是精明的经营者,为了增加利润首先会对购入价格重新进行评估,与供应商交涉价格。"现在我的采购量是之前的两倍,价格应该可以低一些,哪怕是降 5% 也好,请给点优惠。""是吧,那就稍微降一点吧。"如果能够将采购价格降至 150 万日元的话,那么与原来的 160 万日元之间就有 10 万日元的差价,即毛利从 40 万日元增至 50 万日元。

如果在采购价格环节无法降低 10 万日元的话,那么毛利是 40 万日元,扣除人工费 20 万日元后的营业利润就是 20 万日元。也就是说，销售额虽然增至 200 万日元，营业利润有 20 万日元，但营业利润率只有 10%，这与当初销售额 100 万日元时营业利润 10 万日元，营业利润率 10% 是一样的，这就是一般人的经营方式。但是，通过动脑筋将采购成本降低 10 万日元的话，毛利变成 50 万日元，扣除人工费 20 万日元，营业利润就有 30 万日元，营业利润率上升至 15%。

更精明的经营者还会进一步考虑人工费部分。并不是销售量增加一倍，销售人员的数量也必须相应翻倍，而是通过优化，提升工作效率，把销售人员控制在 3 人以内。这样的话人工费就是 15 万日元，营业利润变成 35 万日元。相对于原来 100 万日元销售额 10 万日元营业利润，10% 的营业利润率来说，200 万日元销售额却有着 35 万日元营业利润，营业利润率达到了 17.5%。

只有这样用心思考，才能在提升销售额时，趁机将企业转变为高收益企业。但是，一般的企业在销售额增长的时候并不着手合理化改善，因此无论企业变成什么样的规模，利润率都只是维持现状，没有得到提升。正因为我在经营中拼命努力，不断思考如何实现销售最大化，费用最小化，京瓷公司才变成了今天的高收益企业。

定价左右经营

定价即经营

销售额是收益的源泉,要把销售额最大化,关键是定价。有的经营者或许认为,产品定价之类的事,委托负责销售的董事或部长就行了。但我认为"定价即经营",强调定价的重要性。定价不仅是销售的问题,不仅是为了好卖或为了方便获取订单,而是决定企业生死的关键,制定价格必须使买卖双方都满意,定价是一项极为重要的工作,最终应该由经营者做出判断。

京瓷创业时,为电子机器厂家提供电子零部件。电子零部件这个行业,新企业很多,竞争激烈,当时的京瓷没有名气,客户不断向京瓷提出苛刻的降价要求。一旦出现竞争的产品,京瓷的产品就被放在天平上比较,被要求彻底降价,而且每年都下调价格,这样,销售人员为了获得订单,就只能一味降价。

这么做企业将无法生存。我向公司的销售部门反复强调:"做生意,只要减价谁都会,但那不是经营,必须找到一个临界点,就是客人愿意接受、乐意购买的最高价格。比这个价格低,很容易拿到许多订单,比这个价格高,订单就跑了。"看透客户乐意购买的最高价格,以这一价格销售,这样的定价与经营成果直接相连,极为重要，决定这个价格应是经营者的工作。也就是说，销售额最大化，就是单价与销量乘积的最大化，是厚利少销还是薄利多销，定价不同，经营状况会有很大的不同。

有时，定价失误便无法挽回。一方面，定价太低，再削减经费仍然挤不出利润；另一方面，定价过高，库存堆积如山，资金周转发生困难。

经营企业定价如此重要，最终应由经营者亲自决定。每个产品的定价都是经营的大事，这一观点在京瓷已经深入人心，这对库存评价、收支管理系统，对京瓷的会计都有深刻影响。

这里讲"定价即经营"，就是说定价是非常重要的事情。

早在江户时代就有两种不同思维的商人。一种商人认为卖价左右利润，所以定价必须由店主决定，即思考点是基于"定价即经营"的观点。另外一种商人则认为定价可以委托手下的总管决定，店主应该关注商品的采购，即思考点是基于"采购出利润"的观点。如果问哪种思考正确，其实两种都正确。

京瓷将生产的电子零部件销售给大型成品装配企

业。这些通用的电子零部件并不是只由京瓷一家生产，A公司和B公司都在生产。装配企业会同时向生产同规格产品的各家公司询价。如果是一个几千万日元的订单，各生产厂家都会争先恐后，"希望客户购买自家产品"，展开价格竞争。当各家都以符合规格及品质要求生产，产品品质差异不大的时候，就只有价格竞争了。在那样的环境下，销售部门为了能够拿到订单，每天都要往成品装配企业跑。

那些成品装配企业生产新型磁带录音机、CD播放器和DVD播放器，每个月都需要几千万个，甚至几亿个电子零部件。因此在询价的时候，就会把京瓷这类电子零部件厂商的产品放在天平上进行比价。京瓷的销售人员为了让对方能够采购自家的产品，就会与客户的技术人员商讨，拜托对方将订单给到京瓷。然而，客户往往会说"你家的价格有点高啊"，"那么，多少合适呢"，双方开始讨价还价。

如果订单被别人拿走的话，京瓷就会因产量减少而陷入困境，所以我命令销售人员一定要拿到订单。但是，有时订单虽然拿到了，价格却异常低，是不赚钱的生意。即使费劲完成生产交货，也可能出现亏损的情况。

实际上，在我下达一定要拿到订单的命令后，销售人员拿到订单的那个价格却是亏本的。但他们毫不在乎，报告说："社长，我把订单争来了。"这时我就会埋怨说："不是你争来的，而是用低价换来的。"销售人员回答说："嗯嗯。但是当时客户说'你们的报价太高了，我们不会以这样的价格购买'。了解了其他公司的报价，A公司多少，B公司多少，都比我们公司的价格低。要拿到订单，就不能高于别家的报价，所以就变成现在这个价格了。"于是我训斥道："这样的话，好不容易拿到订单，做了却会亏损。别家或许真的拿出这个价格，但也不排除只是讨价还价中随便说的。"

给客户的报价过高当然无法获得订单，我们必须思考客户给我们订单时所能接受的最高价格。超过这个价格就拿不到订单，低于这个价格，订单要多少有多少。我们需要找到其中最合适的价格。

对客户来说，在品质保证的前提下，采购价格越低利润就越多，反之对我们来说，卖得越便宜就意味着利润越少，经营越困难。我经常会对销售人员说："必须要以客户能够接受的最高价格卖出，以低价获取订单谁都会，那样的价格对我们来说毫无意义。价格并不是一个可以轻率决定的东西,关键在于能不能掌握客户愿意购买的最高出价,能不能瞄准这一点。如果没有抓住这一点的感受性,就不能胜任第一线的销售工作。你们需要磨炼这种敏锐的感受性。"

刚才的这些话,说的是给大企业提供零部件的情况,但定价之难,在消费品市场也一样。例如,差不多一样的手袋,欧洲大品牌的卖价非常高。它们看似与其他厂家的手袋并没有太大的区别,但是价格高得惊人。看到这样的市场,有人就想"自己也来做手袋"。但是,真正生产出来,标上与古驰品牌一样的价格销售,结果一个也卖不出去,库存堆积如山,最后倒闭破产。

这个案例告诉我们,必须要考虑品牌影响力这个特殊的因素。有人会想"如果标价低一些,会卖得更好",但降低售价后,长期积淀起来的品牌影响力一落千丈,结果适得其反。但是如果认为"我们是品牌,反正高价也能畅销",而胡乱设定高价格的话,好景也不长。因此,即使是品牌,定价依然非常重要。

定价的困难性与产品的属性,与是否是品牌无关。酒店经营也是如此,遇到竞争激烈时,大酒店会频繁打折促销，推出"一晚含早餐1万日元""一晚含两餐1万日元"等各种廉价套餐活动。在到处都在降价的竞争环境下，不降价就意味着没有客源。虽然面临这样严峻的情况，不得不降价，但并不是胡乱降价就行，需要顾及自身的实力，观察对手的动向。对于什么样的价格最适合，经营者要有敏锐的感觉，必须倾注心血，通过思考决定。因此，我才说"定价即经营"。

定价失误的话，可能招致整个行业的衰退。

例如，距现在（2003年）20年前，我进入通信事业领域，那时国营企业电电公社民营化，政府允许非通信企业进入此行业，我举手报名，参与竞争，成立了第二电电这家公司。

现在电电公社已经更名为NTT，这家公司自明治以来，垄断了整个通信行业。东京至京都的长途电话费高达3分钟400日元。用公共电话拨打长途时，如果投10日元的硬币稍有间断，通话就会被挂断。人们需要兑换大量10日元硬币，不间断地投入才能维持正常通话。为了降低高得离谱的长途通话费，我决定参与竞争。

那么，定什么样的价格合适呢？这个问题因为投入成本没有决定而无法确定。用光纤传输信号，还是用微波，虽然通信有很多种方法，但是因为无法确定采用哪种方法，所以也就不知道需要花费多少费用。但就是在这种情况下，必须考虑价格该定多少。

除第二电电以外，还有国铁的关联公司、日本道路公团的关联公司，共计3家企业加入了通信行业。这3家企业必将以血洗血，展开激烈的竞争。但是，如果定价过低，或许可以战胜NTT，但同时也给自己的脖子套上了绞索。也就是说，把价格定得低于成本，一时或许可以，但从长期来看，新入企业都会倒下。在行业中只要有那么一个人——凭着一股子不服输的蛮劲，一味降价，其他经营者就会被他拖入降价的旋涡，整个行业都有可能衰落。这种例子在实业界中确实存在。

"定价即经营"，请大家先把这句话记住。大家如果创办企业展开经营，肯定会用到。即使只是入职企业，因为现在很多企业将经营交给年轻人，你们负责的商品可能就要委托你们定价。为那个时候做好准备。今天我所讲述的"定价即经营"，即价格必须由经营者倾注心血，如果各位把这句话记入脑中，相信将来一定有用。

"夜间面条摊贩的经营"是经营的原点

夜间面条摊贩的经营

我常以夜间叫卖面条的摊贩为例,向公司干部讲解定价的智慧和如何努力削减费用。我常常思考,为了培养经营者,用一个极端的方法,让他们拉着卖面条的车在街头叫卖,或许是最有效的实习方法。

拿5万日元做本钱,送他们去实地训练:"暂时不用到公司上班,借你一辆面条车,花一个月时间,每晚在京都某处卖面条,一个月后这5万日元变成了多少,就是你的成绩。"

首先遇到的问题是进货。先要买面条,可以去制面厂买,也可买超市里的生面,也可以买干面,煮熟了卖。

其次是汤料,要做出好味道,汤料很关键,可以买很贵的鲣鱼干,也有人去削鲣鱼干的地方买鱼屑。做出同样美味的汤底,所找窍门不同,成本就不同。为了做出价廉物美的面条,需要动脑筋想办法。

作为佐料的"鱼糕""炸豆腐""葱"也有讲究,可去超市买,也可从工厂、农户直接进货。单单原材料进货就有各种各样的办法。

最重要的还是定价。有卖300日元一碗的,也有卖

500日元一碗的。价格便宜可以多卖，但赚不到钱。一定得找出让顾客满意的最高价格。

做这样一个摊贩也有许多选择。即便一个晚上的差距不大，一年下来差别就会很大，有人可能从摊贩发展为颇具规模的加盟连锁店，有人拉了几十年面条车仍一无所有。不是那宗生意本身的好坏，而是商人能否把生意做成功。做到正确定价，把销售额最大化，然后努力做到经费最小化，这就行了。

企业会计必须为经营者提供方便，让经营者能更有效地追求"销售最大化，费用最小化"这一经营原则，而且把其成果清楚地表示出来。这一观点贯穿于京瓷的会计系统之中，这一思想在京瓷会计系统的"核算制度"中以直接的形式明白地表现出来。

刚刚阐述了"销售最大化，费用最小化"与"定价即经营"，后面紧接着讲解的"夜间面条摊贩的经营"是结合前面两个观点的具体说明。

我经常用"夜间面条摊贩"作为比喻，对京瓷干部讲解经营是什么。定价，以及销售最大化和费用最小化这两个非常重要的经营要诀，都在夜间面条摊贩的生意中清楚地表现出来。

我们用现在常见的拉面移动摊位车代替以前的夜间面条摊贩来进行讲解。拉面摊位车以前用两轮车改装而成，更早的时候用的是大平板车，现在都是在轻型卡车的装货台面上放上锅和碗等器具，然后在街角处贩卖拉面，这就是最简单的生意原型。

不懂经营原点的二代、三代经营者

也许在你们学生听来觉得这些话很可笑，但这个话题非常重要。我成立盛和塾这样的经营塾，义务地指导企业经营者，今天也有几位鹿儿岛盛和塾的塾生到场。盛和塾目前在日本国内外已经拥有 50 多家分塾，聚集了 3000 多名企业经营者。

在盛和塾的塾生当中，有超过一半是中小企业的经营者，并且他们几乎都是父辈事业的继承者。相信今天在座各位当中也有父亲或者爷爷是创业者吧。继承家业的人，如果不知道我所说的经营要诀而经营企业的话，大多都不会顺利。

在日本的中小企业中，很多经营者的子女都不想继承家业。在他们看来，父辈的生意已经过时，而且也不体面。他们更愿意进入大学学习后去一流企业工作。但是，从学校毕业进入社会一段时间，感受到社会的严酷之后，他们还是选择回家继承家业。也有本人没有继承家业的想法，但是因为父亲突然病倒，在母亲"赶紧回家，无论如何希望继承家业"的央求下，才回家继承的。这两种继承的情况很多。

这些年轻人，即使毕业于大学的经营学部或者商学部，也肯定没有学习过我今天所说的关于经营原点的内容。他们不懂经营的要点，辞去一流企业的工作回家继承家业。例如，有的企业，父亲是社长，下面有总管，是父亲的得力助手，还有 20 多名员工。儿子作为继承者回到公司，直接担任公司的常务董事或者专务董事。这时，员工当中就有人抱怨："自己在这家公司工作了几十年，还只是个部长。那位公子哥一回来就当上了专务。但他是老板的儿子，有什么办法呢？"他们会把不满埋在心里。

回家后成为公司专务的儿子，首先会向病中的父亲了解企业的经营状况。父亲一般会说："我们的企业还不错，销售额虽然不大，但利润还可以，没有什么问题。"接着就边学边干，开始经营。员工和干部会奉承地喊他"专务"。因为父亲的努力打拼，公司运行良好，地方银行支店长也会亲自前来,鞠躬打招呼:"专务,请多关照!"这样的情况很容易造成错觉。尽管本人对经营一窍不通,却深信自己这个专务了不起。期间还会受青年会议所等机构邀请,出入社交场所,在那里,周围人又说他能干。这样,他的错觉就越来越深。

但是,这些二代、三代的经营者对经营其实是一窍不通的。我问他们:"你是怎么经营的?"回答是:"从父亲以前开拓的客户那边获得订单,做出销售额。"接着,我问:"现在企业有多少利润?"回答是:"只有很少的利润,我们企业一直是这样的情况。"我又继续问:"这部分利润是怎么获得的?"回答是:"这个不知道,从父亲经营开始就是这样。"像这样,对如何增加销售额,如何产出利润这种经营的根本问题,几乎所有的二代、三代经营者都不知道。

父辈离去后,儿子正式继任,但一直不懂经营,只是在父亲构筑好的基础上端坐着过日子。数年之后,公司就会风雨飘摇,甚至最终被逼倒闭。正是因为不知道经营的根本,才导致了这样的结果。

我看到很多这样的事例,就产生了必须教他们经营原点的想法。经营是什么?经营实际上是个很接地气的东西。如果不教会他们这些，学习哪种高等的学问也没有用。所以，我创办了盛和塾。

今天的讲授内容本来是面向经营者的，或许不是教你们学生的。但是，正因为没有将这些道理教给学生，所以日本的企业才搞不好。因此，我特地选择了这样的内容。

不论什么事业，都可以靠才智和钻研获得成功

刚才讲到"夜间面条摊贩的经营"，说明经营的原点就是定价，以及销售最大化和费用最小化。我们再以酒店经营的案例来说明。

酒店经营中的定价并非随意决定。最近，酒店像雨后春笋般地涌现出来，行业竞争非常激烈，价格不断下降。所以，即使自己想提高价格，也行不通。也就是说，酒店定价很大一部分取决于同行业的竞争。

因此，定价之后能做的就是销售最大化和费用最小化。如果想做到销售最大化，在价格已经决定的前提下，只有靠多吸引顾客来店入住的方法，哪怕是多吸引一位顾客。与此同时，必须思考费用最小化。例如，在

食材选择、床单和睡衣清洗、酒店清扫方面的费用最小化。为节省费用，服务质量下降，引发客人不满，那是不行的，这一点要注意。在这个基础之上，必须想方设法降低成本，这才是经营的原点。

问题是，先前谈到的二代、三代经营者，因为是继承父业，所以认为销售额是自然来的；至于费用，则认为"现在很正常，有这么多销售额，花这么多费用，那是理所当然的"。这种固定观念正是问题所在。

以我父亲经营的印刷店为例。继承印刷店的后代经营者相信"父亲经营时代的销售额是这么多；印刷用纸是从那家纸张批发商进的货；这么大的纸500张的价格是这么多；价格由市场行情决定；油墨价是多少，机器设备的折旧是多少等，这些都是定数"。这样思考的结果是，每年就只能产出那么一点利润。

但是，如果认真思考如何让纸张的采购价更低，是否可以更换供应商，有没有质量更好、价格更便宜的纸张等这些问题，并四处奔波寻找更好的供应商，竭尽全力降低成本，那么利润率就一定会有很大的改善。例如在购买油墨时，就会发现有各种各样大小不一的供应商，价格和品质也各不相同。降低成本需要动脑思考，需要付出辛劳。但只要付出这种努力，公司经营就会向好的方向发展。

为了更简单地加以说明，我们用现在常见的拉面移动摊位车代替以前的夜间面条摊贩来说明。开始经营拉面摊时，首先要了解制作一碗拉面所需要的费用是多少。面条、制作面汤的汤汁、放在面上的叉烧肉等具体食材的价格都需要了解，在这个基础上进行选材。这些准备工作完成后就必须思考拉面的定价问题。

定价是一件非常重要的事情，定600日元还是700日元？因为周边的价格基本都在600日元，我们定500日元应该比较好卖吧。那么如果降到450日元的话会不会更加好卖呢？不光是价格便宜，味道也要好吃才行。味道好，价格只卖450日元，那么成本该怎么控制？必须将价格、销售额和费用进行整体关联性思考，然后定价。

经营的原点就在于从面汤的汤料该如何制作这样的问题开始，一直到拉面定价为止，在这个过程中不断钻研创新。现实中，有从经营单个拉面移动摊位，到成为全国性拉面连锁经营的有名企业经营者，也有以同样条件开始，但一生只靠一个拉面移动摊位，生活贫困的人。

无论是什么样的生意，成功的关键不在于生意本身是好是坏。哪怕是很简单的买卖，能否成功，也在于是否具备才智，是否抓住了经营的要诀；能否钻研创新决定了是否能够获得成功。卖价怎么定，口味和品质要保证，如何用低成本的材料制作出与卖价相应的产品，在这些问题上注入心血，就是生意的原点。无论需要多高知识、多高技术的行业，这个生意的原点是共通的。

我年轻时，曾经开玩笑地对京瓷的干部说："给你们一个移动售货摊，谁最能赚到钱谁就可以成为京瓷的董事。"给部下5万日元的启动资金，经营一个移动售货摊，一个月后看看本金是否增加。相信其中一定会有花光5万日元回来的人，也一定会有手里已经赚到几倍于资本金的优秀人才。当然，这样的试验一次也没有做过，只是想借用这样的内容教育干部学习经营的要诀。

对损益计算表的科目明细要实时关注

不懂会计不能成为真正的经营者

我们周围的世界看似复杂，但其实很单纯。按照原理原则本来很单纯的事物，投影于现实，反映出来的现象就显得很复杂。企业经营也一样，在会计领域，看起来非常复杂的企业经营实态，可由数据极为单纯地表达出来，从中反映出真情实况。

如果把经营比喻为驾驶飞机，会计数据就相当于驾驶舱仪表盘上的数字，机长相当于经营者，仪表盘必须把时时刻刻变化着的飞机的高度、速度、姿势、方向正确、及时地告诉机长。如果没有仪表盘，机长就不知道飞机现在所在的位置，就无法驾驶飞机。

所以会计不能仅仅在事后反映经营的结果，无论结算处理多么正确，但如果不能及时报告，经营者就无法下手协调经营。会计数据如果不能简洁并即时地表达企业当前的经营状况，对于经营者就没有任何意义。

急速发展的中小企业突然破产就是例证。企业因为缺乏迅速、明确反映企业实际情况的会计制度，做笼统账，导致经营判断错误，最终资金周转不灵，走进死胡同。

中小企业要健康发展，必须构筑能够一目了然地反映经营状况，并彻底贯彻经营者意志的会计系统。京瓷之所以能够快速开展事业，就是因为很早就构筑了这样的会计系统，并依靠这个系统开展经营。

为此，经营者自己必须懂会计，不能充分理解仪表盘上数字的意义，就不能说是一个真正的经营者。看到财务部门提交的结算报表，就要从中听出比如收益难以提升的呻吟之声，听出遭受削减的自有资金的哭泣之声。必须成为这样的经营者。

从京瓷公司规模尚小的时候开始，我就要求各个部门都做月度结算资料，不论在公司还是出差，我都在第一时间审阅各部门的详细资料。看到某部门销售、费用的具体内容，就像看故事一样明白了该部门的实况，脑海中浮现出该部门负责人的相貌，"那样乱花费用""材料费占销售额比率太大"，经营上的问题也自然浮现。

这么用心地看月度结算，当去工厂经过有问题的现场时，马上就会想起"这里上个月是这样的"，当场就可以指出问题所在。该处负责人按我的指示采取相应的对策，改进后的数字在下一个月的结算表上马上就会反映出来，这样，公司整体的业绩也会变得更好。

按常识，月度结算表等财务报表，财务部门都按照规定的格式制作，但这对经营者没有什么帮助。经营者要亲自认真经营公司，就必须改进会计资料的制作方法，使它对经营真正有用。为此，经营者对会计要充分理解，让结算表能够清晰地表达经营状况和存在的问题。经营者懂会计，平时就能指导财务人员，只有经过这样的努力，经营者才能实现真正意义上的经营。

正如上述部分所写的那样，如果不懂会计就不能成为真正的经营者。会计上的数字体现的是公司经营的实际状态。会计对经营的重要程度就如同驾驶舱仪表盘对操纵飞机的重要性一样。飞行员面对着一大堆仪表盘，根据仪表盘上所显示的数据对飞机进行操控，经营者也应和飞行员一样，必须一边关注会计数字一边经营企业。接下来，我们用京瓷使用的相关报表资料进行具体说明。

讲义所用的损益计算表是决算时京瓷对外公布经营业绩用的资料。从损益计算表来看，去年的年销售额是4828亿日元，其中销售成本是3742亿日元，只看这两个数字的话是不能经营企业的，必须要查看损益计算表中销售成本、销售费和一般管理费的具体科目明细。

京瓷内部有费用明细表的相关资料。刚才的损益计算表是年度使用资料，而费用明细表则是月度使用资料。从2003年7月的数字中可以看到，销售成本在费用明细表（见表4-2）中做了科目的细分。费用明细表中原材料费部分显示，今年7月使用的主材费用是921 018万日元，辅材费用是69 018万日元，五金类费用是90 171万日元，合计金额为1 080 208万日元。因为有外包业务发生，所以发生了一般外包加工费170 933万日元，同时还有委托合作工厂所应支付的188 142万日元，再加上一些临时发生的费用，外包加工费总计360 586万日元。

表 4-2 费用明细表

(单位：千日元)

	科目	2003 年 7 月		科目	2003 年 7 月
原材料费	原材料费	9 210 183	各项费用	差旅交通费	115 529
	辅料费	690 182		海外费用	65 624
	五金费	901 715		办公用品费	24 515
	小计（1）	10 802 081		通信费	30 281
外包加工费	一般外包费	1 709 338		图书印刷费	2 375
	协助工厂费	1 881 420		广告宣传费	1 996
	副业费	15 102		接待交际费	1 111
	小计（2）	3 605 861		捐款	146
劳务费	工资及津贴	5 433 144		捐税和杂税	128 031
	加班补贴	631 295		测验研究费	117 972
	上班交通补贴	98 016		会员费	16 106
	公司内调休劳务费	20 362		委托报酬	61 677
	小计（3）	6 182 819		设计委托费	338 260

分类	科目	2003年7月
劳动相关费	兼职工资	325 151
	福利费（参与核算）	125 789
	福利准备金	7 782
	招聘费	6 181
	小计（4）	464 905
杂项费用	易耗品费	697 127
	消耗工具备品费	1 064 398
	模具费	179 797
	修理费	490 970
	维修计提费	-414
	燃气燃料费	245 399
	水电费	512 788
	包装用品费	156 057
	包装运输费	207 506

（续）

分类	科目	2003年7月
各项费用	保险费	26 698
	租赁费	132 089
	股份相关费用	0
	会议费	363
	杂费	278 470
	坏账准备	0
	内部杂费	113 651
	盘点损耗	0
	小计（5）	5 806 491
费用合计（6）		26 862 158
折旧费（7）		1 817 742
间接部门费（8）		-15 723
间接劳务费（9）		-6 731
费用合计（6）~（9）		28 657 446

(续)

	科目	2003年7月
在制品差额	在制品差额	0
	其他在制品 a/c 转账金额	-29 136
	固定资产转账金额	-323 149
	在制品差额（10）	-352 286
	制造成本	28 305 160

	科目	2003年7月
杂项费用	报关杂费	1 108
	销售手续费	0
	促销费	10
	技术费	694 638
	维修服务费	102 201
	产品保证准备金	0

然后，我们来看在企业工作的员工的人工费，即直接人工费。这个直接人工费不包括销售等间接部门的人工费，指的是包含技术人员在内的，在制造部门工作的人员的人工费。工资及津贴合计一个月的费用是543 314万日元，加上加班补贴等费用的话，直接人工费总计618 281万日元。与直接人工费有关的福利费，其他补贴等关联人工费合计46 490万日元。

接下来是杂项费，是指易耗品费、消耗工具备品费、模具费、修理费、维修计提费、燃气燃料费、水电费、包装运输费等很多细项科目，这些都是成本。我刚刚描述的是整个制造部门使用的费用具体有哪些。例如，直接人工费是指京瓷整个制造部门发生的人工成本，共计618 281万日元。

要认真经营，就必须更细致地对费用的明细进行确认。例如，要细看鹿儿岛县国分工厂的直接人工费是多少，国分工厂内精密陶瓷封装部门、精密陶瓷电容部门、工业机械用精密陶瓷部门的直接人工费分别是多少等细分科目。

将各个部门的直接人工费合计后就是国分工厂的直接人工费用。表4-2中体现的直接人工费用是鹿儿岛其他工厂、滋贺工厂、北海道工厂、长野工厂、三重工厂、福岛工厂的合计值。这样的表格资料，就能追溯和分析哪个工厂的哪个部门发生了多少直接人工费。同样，这些工厂发生了多少水电费也一清二楚。

一般公司要花相当多的时间对这些数据进行统计。哪个工厂的哪个部门发生的费用填写好票据后交给这个工厂的财务部门进行汇总，然后送交公司总部。公司总部汇总所有数字后才能制作出公司的整体数据。将每个月发生的费用进行统计汇总的工作，京瓷在还没有现在那么多工厂的年代，最快也需要2个月的时间。年度决算所花费的时间更长，数据往往要滞后3~4个月。也就是说，今年都过去3~4个月了，我才能知道公司去年所花费的费用金额。这种情况下，就无法基于所呈现的经营实绩数字迅速出手进行经营调整和改善，我认为必须要让经营数字能够实时展现。但是，在那个计算机技术不发达的年代，这几乎是件不可能的事情。

于是，我提出"哪怕是进行手工概算统计也行，要尽快看到经营实绩数据。如果数据不能实时呈现，那就无法经营。这样下去，我虽然驾驶着京瓷这架飞机，却不知道应该往哪里飞。所以，必须在每个月开始的一周前后将上个月发生的所有费用科目数据呈现出来"。在这个想法的基础上制定了相应的机制。

对于没有经验的学生来说，这样的内容你们也许听不懂，即使是经营者，大部分也都不会制作刚才所讲的资料表格，而是委托街边那些税务师和会计师完成相关资料的制作。委托他人制作资料本身没有问题，重要的是尽早完成详细资料的制作，然后经营者必须亲自看。即使自己不能做资料，只要能看就行，就能开展经营。也就是说，将所有发生的费用告诉税务师或者会计师，他们制作成明细表格，经营者在了解数据内容的基础上出手进行调整和改善的经营活动。

一般经营者只是把损益计算表作为参考，过目一下。即使是大企业的经营者也不过如此。但是这样做，只是知道了公司的销售额是多少，赚了多少，却不知道应该如何着手改进。如果真的想搞好经营，就必须像我刚才所阐述的那样，每月制作细分部门、细分费用科目的分类费用明细表，一边看数据一边思考并出手进行改善。

根据资产负债表感知企业的健康状况

请参考资产负债表（见表4-3）。我在书中写道："看到财务部门提交的结算报表，就要从中听出比如收益难以提升的呻吟之声，听出遭受削减的自有资金的哭泣之声。"这里所说的"自有资金"体现在资产负债表上,工学部的学生可能完全不懂这个概念,下面我来进行说明。

表 4-3 借贷对照表

(2003 年 3 月 31 日)

科　目	金额 (百万日元)	科　目	金额 (百万日元)
(资产部分)	(1 094 672)	**(负债部分)**	(229 525)
流动资产	442 887	**流动负债**	145 257
现金及存款	208 418	应付账款	50 766
应收票据	47 526	其他应付款	63 600
应收账款	74 155	应付费用	7 571
有价证券	14 649	应付法人税等	8 500
产成品	21 829	存款	2 722
原材料	19 413	奖金准备金	10 900
在制品	19 838	产品保证准备金	778
库存品	525	退货损失准备金	217
递延税金资产	28 592	其他流动负债	201
短期贷款	4 036		
其他应收账款	2 737	**固定负债**	84 267
其他流动资产	1 191	递延税金负债	15 154
坏账准备金	△26	离职补助准备金	67 596
		董事离职慰问准备金	1 176
固定资产	651 785	其他固定负债	341
有形固定资产	117 472		
房屋	38 924	**(资本部分)**	(865 147)
建筑物	2 451		
机械设备	36 012	**资本金**	115 703
车辆运输工具	28		
工具用具备件	9 016	**资本公积**	185 838
土地	30 386	资本准备金	185 838
在建工程	650		

(续)

科　目	金额 (百万日元)	科　目	金额 (百万日元)
		利润公积	522 904
无形固定资产	2 576	利润准备金	17 206
其他特许权	2 576	任意盈余公积金	476 276
		特别折旧准备金	3 148
投资等	531 736	研发公积金	1 000
投资有价证券	300 916	股利准备公积金	1 000
子公司股份	194 160	离职工资公积金	300
子公司出资	24 244	海外投资损失公积金	1 000
长期贷款	10 456		
长期预付费用	3 935	其他公积金	469 828
其他投资	5 002	当期未处理利润	29 421
坏账准备金	△1 030	(内部当期纯利润)	(27 923)
投资损失准备金	△5 950		
		其他有价证券评估差额	92 735
		库存股	△52 033
资产部分合计	**1 094 672**	**负债及资本部分合计**	**1 094 672**

资产负债表是一家企业的健康诊断书，体现的是在结算日当日企业的健康状态。例如，在2003年3月31日这个时间节点，京瓷公司的健康状态如何。首先资产负债表左侧的资产部分显示一年内能够转换为现金的流动资产是4428亿日元。其中现金及存款合计2084亿日元，加上其他科目，可以变为现金的金额是4428亿日元。

然后是固定资产,这部分是一年内不可转化为现金的资产,有6517亿日元。其中,机器设备、土地及房屋这些有形固定资产有1174亿日元,其他是无形固定资产和投资。投资包括京瓷对子公司和集团外的投资部分,以及在海外建造工厂所花费的金额,合计5317亿日元。这些作为固定资产,不能立即转化为现金。整个京瓷的资产总额是流动资产和固定资产的合计,已经超过1万亿日元。

这部分资产是怎么来的,看负债部分就能明白。流动负债是指一年内必须偿还的钱,包括从银行的借款,购买物品还没支付的应付账款等,这部分的金额是1452亿日元。其次是在一年内不用偿还的固定负债,有842亿日元。

再往下是资本部分(现在是纯资产部分)。资本金有1157亿日元,资本公积有1858亿日元,盈余公积有5229亿日元。所谓盈余公积指的是从公司成立开始到现在为止,从缴纳完税金后的税后利润中扣除股东分红等剩余的利润合计。

这部分资本的合计金额是8651亿日元,也可以称作自有资本,自有资本不是从他人处借款而需要偿还的资金。京瓷的自有资本约占总资产的80%。

一家有很多负债却几乎没有自有资本的公司，就像一个瘦得只剩下皮包骨头的躯体在哭泣一样。而京瓷就像一个拥有筋肉和适当脂肪，即使寒冷时也不会感冒的体质健康的人。

经营者关注公司的健康状态，必须像关注自己的身体状态一样。但是，即使看了表明公司健康状态的资产负债表也不明白其含义，这样的经营者占了一大半，他们不明白这张表的含义。

经营者必须思考如何增加利润，增加盈余公积，提高自有资本率，让公司拥有健康的体质。为了达到这个目的，经营者必须认真理解会计，读不懂资产负债表和损益计算表所表达的公司经营状态，就不可能成为一流的经营者。

今天的授课到这里结束，谢谢大家。

要　点

为了能产出更多的本年度纯利润，我首先思考的是必须尽可能让营业利润多起来。也就是如果能在把销售额做到最大化的同时，将销售成本、销售费及一般管理费努力做到最小化，营业利润就能实现最大化。与此同时，尽可能控制向银行支付的利息、与主营业务无关的费用等，把注意力集中到如何在主营业务上做到销售最大化，费用最小化，这样营业利润就会增加，其结果就是经常利润也会增加。之后扣除一定比例的税金就成了本年度纯利润。

○

"销售最大化，费用最小化"这个单纯的结论是我在与财务人员的交流交锋中找到的经营原点。

○

虽然这是非常单纯的事情，但实践起来异常困难。不管销售额做得多大，但经费不可以随之增加。一般来说，销售增加费用也增加。但不能将这视为常识，要尽量增加销售，尽量减少费用。为此，必须动脑筋想办法。

○

提升销售额时，趁机将企业转变为高收益企业。但是，一般的企业在销售额增长的时候并不着手合理化改善，因此无论企业变成什么样的规模，利润率都只是维持现状，没有得到提升。正因为我在经营中拼命努力，不断思考如何实现销售最大化，费用最小化，京瓷公司才变成了今天的高收益企业。

○

我强调"定价即经营"，定价是非常重要的事情。给客户的报价过高当然无法获得订单，我们必须思考客户给我们订单时所能接受的最高价格。超过这个价格就拿不到订单，低于这个价格，订单要多少有多少。我们需要找到其中最合适的价格。

○

定价之难，在消费品市场也一样。例如，销售品牌手袋时，必须要考虑品牌影响力这个特殊的因素。有人会想"如果标价低一些，会卖得更好"，但降低售价后，长期积淀起来的品牌影响力一落千丈，结果适得其反。但是如果认为"我们是品牌，反正高价也能畅销"，而胡乱设定高价格的话，好景也不长。因此，即使是品牌，定价依然非常重要。

○

虽然面临这样严峻的情况，不得不降价，但并不是胡乱降价就行，需要顾及自身的实力，观察对手的动向。对于什么样的价格最适合，经营者要有敏锐的感觉，必须倾注心血，通过思考决定。因此，我才说"定价即经营"。

○

定价失误的话，可能招致整个行业的衰退。把价格定得低于成本，一时或许可以，但从长期来看，新入企业都会倒下。在行业中只要有那么一个人——凭着一股子不服输的蛮劲，一味降价，其他经营者就会被他拖入降价的旋涡，整个行业都有可能衰落。

○

如何增加销售额，如何产出利润这种经营的根本问题，几乎所有的二代、三代经营者都不知道。父辈离去后，儿子一直不懂经营，只是在父亲构筑好的基础上端坐着过日子。数年之后，公司就会风雨飘摇，甚至最终被逼倒闭。正是因为不知道经营的根本，才导致了这样的结果。

○

在竞争激烈的行业里，价格在很大程度上取决于同行业的竞争。因此，定价之后能做的就是销售最大化和费用最小化。如果想做到销售最大化，在价格已经决定的前提下，只有靠多吸引顾客来店入住的方法，哪怕是多吸引一位顾客。与此同时，必须思考费用最小化。服务质量下降，引发客人不满，那是不行的，这一点要注意。在这个基础之上，必须想方设法降低成本，这才是经营的原点。

○

无论是什么样的生意，成功的关键不在于生意本身是好是坏。哪怕是很简单的买卖，能否成功，也在于是否具备才智，是否抓住了经营的要诀。能否钻研创新决定了是否能够获得成功。卖价怎么定，口味和品质要保证，如何用低成本的材料制作出与卖价相应的产品，在这些问题上注入心血，就是做生意的原点。无论需要多高知识、多高技术的行业，这个生意的原点是共通的。

○

不懂会计不能成为真正的经营者。企业的经营实态体现在会计数字上。如果把经营比喻为驾驶飞机，会计数据就相当于驾驶舱仪表盘上的数字，会计对经营的重要程度就如同驾驶舱仪表盘对操纵飞机的重要性一样。

○

即使是经营者，大部分也都不会制作刚才所讲的资料表格，而是委托街边那些税务师和会计师完成相关资料的制作。委托他人制作资料本身没有问题，重要的是尽早完成详细资料的制作，然后经营者必须亲自看。即使自己不能做资料，只要能看就行，就能开展经营。也就是说，经营者在了解数据内容的基础上出手进行调整和改善的经营活动。

○

一般经营者只是把损益计算表作为参考，过目一下。即使是大企业的经营者也不过如此。但是这样做，只是知道了公司销售额是多少，赚了多少，却不知道应该如何着手改进。如果真的想搞好经营，就必须像我刚才所阐述的那样，每月制作细分部门、细分费用科目的分类费用明细表，一边看数据一边思考并出手进行改善。

○

经营者关注公司的健康状态，必须像关注自己的身体状态一样。但是，即使看了表明公司健康状态的资产负债表也不明白其含义,这样的经营者占了一大半,他们不明白这张表的含义。经营者必须思考如何增加利润,增加盈余公积,提高自有资本率,让公司拥有健康的体质。为了达到这个目的,经营者必须认真理解会计,读不懂资产负债表和损益计算表所表达的公司经营状态,就不可能成为一流的经营者。

阿米巴经营是如何诞生的

在盛和塾东日本忘年塾长例会上的讲话
——2009 年 12 月 15 日

　　这次讲话是在 2009 年年底，前一年秋天发生的雷曼危机影响依然严重，日本的 GDP 连续两年负增长，萧条还在继续。

　　在这样的年关，盛和塾的塾生都在认真思考自己的公司如何经营。这时候，稻盛向塾生们讲解阿米巴经营的体制。

阿米巴经营是如何诞生的

各位塾生大家好！今天，尽管临近年末，但还有这么多塾生从全国各地赶来，非常难得，请允许我表示衷心的感谢。

由去年的金融危机带来的严重经济萧条，虽然有了若干的起色，但是，经济依然处于不景气的低迷状态。在如此严峻的经济环境之中，又是在十分忙碌的年关，如此众多的塾生赶来参会，我想讲一些对大家的经营有参考意义的话。

今天，我讲话的题目是"阿米巴经营是如何诞生的"，主要讲述我创立阿米巴经营并运用于企业经营的来龙去脉。我想，这对各位的公司经营会有所帮助吧。

现在我所讲的内容是以今年（2009年）10月举办的"阿米巴经营学术研究会"上我的讲演为蓝本的。

先简单地介绍一下"阿米巴经营学术研究会"。在三年前，京瓷的子公司京瓷信息KCCS的森田会长希望组建阿米巴经营学术研究会，为此，特来同我商量。

那时候，我说："这是一件很有意义的事。迄今为止我是实业家。通过会计学和经营学的专家学者的研究，把我创建的阿米巴经营加以提高，成为一种学术体系，成为世界会计学的一种模式，把从日本企业产生的管理会计学，确立为有普遍意义的会计学，让全世界的企业都能应用。成立这个研究会是一个绝好的机会。"

为此，领导日本经营学会的一桥大学、神户大学、京都大学的老师聚集一起，"把阿米巴经营作为21世纪代表日本的管理会计，确立其学术地位，向全世界发出信号"，这一宗旨获得大家的赞同，于2006年11月"阿米巴经营学术研究会"宣告成立。

从那时开始，每年举办两次研究会会议，同时，还不断开展采访京瓷干部等研究活动，一直持续到现在。今年10月，为了纪念研究会迎来三周年，在京瓷公司总部举办了研讨会，有200多人参加，在大会上专家发表了他们的研究成果。

在这次研讨会一开始，我就以"阿米巴经营是如何诞生的"为题做了讲演。我想以这个讲演为蓝本，展开今天的讲话。

成功经营企业所需要的经营管理体制

在创立京瓷以前,我就职于松风工业。在那里,我开发了新型陶瓷材料,并将它事业化。此后,在几位朋友的支援下,我设立了京瓷公司。当时我对会计一无所知。所以协助我创立新公司的宫木电机制作所派来一位会计,来帮京瓷做账。

创业初期,在京瓷公司的销售和生产现场,以复式簿记为基础填写各种票据,再将这些票据进行汇总统计,几个月以后,做出损益计算表,然后听会计报告"上上个月做出了这么多利润",我就这样来经营企业。

当时,我对损益计算表也不甚了解,销售额减去销售成本、销售管理费就是营业利润,这类概念会计向我解释了我还不能马上理解。有关会计科目和财务报表,我屡屡向会计负责人提出问题,并在这个过程中学习会计。

当时,还有一位青山政次先生,他以前和我在同一家企业工作,并同我一起参与京瓷的创业,他负责整体的管理工作。青山先生的年龄同我父亲差不多,他毕业于京都大学工学部,是搞技术的。

青山先生在松风工业时，学习了制造部门成本核算的方法。在京瓷他又热衷于做成本核算。

创业后不久，青山先生拿了计算好的成本资料来向我报告："稻盛君，我们公司三个月前生产的产品，花这么多成本。"

最初，我饶有兴趣地听他的分析。但听过几次以后，我就觉得，几个月以前的成本资料，我没有功夫细细地去看。

终于，有一天我对他这么说："青山先生，这些已经过去的数字没有意义。在竞争激烈的市场上，在产品不断降价的过程中，我伤脑筋的是这个月怎么做出利润。所以我想知道的是现在的数字如何。三个月以前的结论，现在来听没有什么意义。"

青山先生想要告诉我成本核算的结果，我却出言不逊，因此感觉后悔。但是，"事后统计的数字没有用处"这一想法却无法消除。

当时在会计领域里，拿着滞后几个月的会计数字，报告说"上上个月经营得不错"或者"经营得不好"，这种事后才知道结果的做法是一种常识。

对于这样的会计处理方法,我开始产生了很大的疑问。

"这样的会计对于公司如何提高利润没有什么作用。为了在经营中做出利润,不是在事后了解盈亏的结果,为了现在做出利润,必须掌握现在的数字。也就是说,在从事实际工作的现场人员应该把握住每天的盈亏数字。"我开始这么思考。

因此,推迟几个月才做出来的会计数字,不过是把公司各个部门填写的票据汇总的数字而已。在这里,完全没有反映出"经营者想要这样来经营自己的部门"这样的"愿望"和"意志"。

为了成功地经营企业,经营者不必说,负责运行各自部门的部门领导人也必须抱有"做出利润"这一强烈的意志去推进工作。传统会计的做法却有局限,它只是在事后报告结果。我开始思考,应该建立一种管理体制:它能够反映经营者的意志,能够将行动结果用实绩数字表达出来。

正好当时公司规模快速扩展,创业不到四年员工人数已经超过100名,作为经营者,单凭我一个人已无法照看公司组织的整体了。

当时，我一个人要身兼数职——研究开发、生产、销售，忙得连喘息的时间也没有。在百忙中我甚至认真考虑，如果像孙悟空一样，拔毛一吹，就能吹出许多自己的分身，那该多好啊！

当然这是神话。但我背负公司经营的重担，感觉孤独。我从内心期待出现像我的分身一样的经营伙伴来分担经营责任。

究竟该怎么做才好呢？在烦恼之余，我这么想："让我来培养公司中分担经营责任的部门领导人吧。为此，要把壮大起来的公司组织分割成一个个小的组织，让它们独立核算。如果是人数不多的小组织，那么即使是年轻的领导人也能够运行。"

当时的京瓷是成立不久的中小企业，有能力经营公司的人才很难找到。尽管如此，有责任心的、能够管理人数不多的组织的员工还是有的。提拔这样的年轻员工，让他们对自己部门的核算进行管理。

为此，要做一种计算盈亏的表格，使小组织的独立核算制度能够运行。通过它现场的领导人可以知道自己部门的销售额是多少，要使用多少经费，才能做出多少利润。我考虑要做出这种一目了然的核算表。

为此，依据损益计算表，我做出一份缺乏会计知识的现场领导人也能理解的、简单明了的核算表。

这么一来，不再是经营者一个人看到迟到数月的财务报表忽喜忽忧，而是将公司划分成一个个小组织，任命各组织的领导人，让他们负责各自部门的核算，借此培养具备经营者意识的人才，这样来运行公司。我就是这么思考的。

这就是阿米巴经营的发想的原点。

划分成小组织，采用独立核算：阿米巴经营的结构

将这个想法付诸实施时，最初遇到的问题就是组织究竟如何划分。

图 5-1 是京瓷尚处于小企业阶段时，具有代表性的陶瓷产品的生产工艺。

这张图展示的是生产厂家。稍稍离题一点，以大家身边的商店为例。

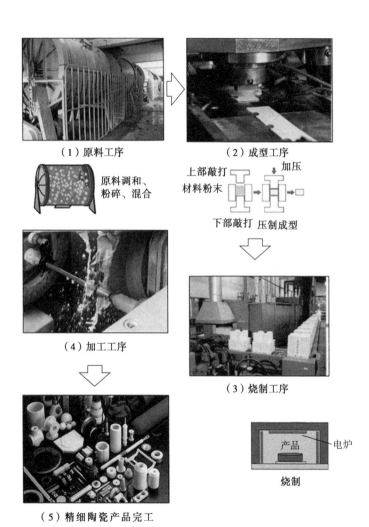

图 5-1 精细陶瓷制造工序实例

一家卖蔬菜和鱼的小店，由一个人掌管。为了分别计算蔬菜和鱼的销售额，把卖蔬菜得到的钱放在身边的篮筐里，把卖鱼得到的钱放在另一只篮筐里。进货是一早去中央市场，蔬菜的进货发票放在身边的篮筐里，鱼的进货发票放在卖鱼收钱的篮筐里。这样来管理。

经营这么小的一个店，一般都会把蔬菜和鱼的销售和成本混在一起，分不清哪个是哪个。这时候如果是我，就会把组织分开，采用分别独立核算的方法来经营。如果这个小店还卖干货、罐头、调料，那么也要分别作为核算的单位。

也许只是个小店做小本经营，但还是要把蔬菜的核算、鱼的核算、干货的核算分开管理，哪个赚了，哪个亏了，每个月都一清二楚，那就行了。也就是说，阿米巴经营的原点就是把组织划分成小组织分别核算，用独立核算的方法来运行。

再把话题拉回来，我在开办小微企业京瓷时，精密陶瓷的制造工序如图 5-1 所示。

（1）是原料工序。这个鼓形的装置叫滚球粉碎机。把各种金属氧化物的原料放进去粉碎，加水混合，然后将原料干燥、造粒，变成容易成型的粒子，这就是原料工序。

接着把做好的原料放进压机压制，做成所需要的形状，这就是（2）成型工序。（3）烧制工序就是把成型的半成品放在耐火的履带上在隧道电炉中烧制。烧结成的陶瓷半成品再在（4）加工工序进行加工。

图 5-1 是研磨外周的研磨机械，用金刚石刀具切削陶瓷产品。使用这种加工机械把陶瓷产品加工成各种形状，做成最终成品。

过去的会计方式是把这几道工序合在一起计算损益，这样的话势必是一个很大的组织，因此，我就考虑能不能按工序分割。

首先，第一道原料工序，原料的调配混合能不能作为一个独立的事业单位来考虑呢？经过调查，得知在京都东山的陶瓷业界就有这种商业形式，就是购入作为原料的黏土和长石，将它们粉碎，调配成陶瓷土，然后卖给窑厂。

"果然如此，仅仅原料部门就能作为一个单独的商业单位。那么，将原料部门作为独立核算的事业应该是可行的。"考虑到这一点我就有了信心。

同样，说到后面的成型工序。实际上承包成型作业，收取加工费的企业非常多，这也可以作为一个独立的商业单位。当我明白各道工序都可以看作独立核算的部门时，我就把各工序分割成各个小组织。

经过反复研讨，我就把公司的组织按照不同工序、不同品种等形态进行分割，形成了各种各样的组织。

分割后的小组织就能根据市场和商业环境的动向，宛如充满生命力的微生物一样灵活应变。鉴于这种状态，我就把这样的小组织命名为阿米巴。

就这样，把公司的组织分割成许多阿米巴，让其用独立核算的方式运行。

接下来碰到的问题是：阿米巴的销售额如何计算。阿米巴要通过独立核算来运行，就要计算损益收支，所以各个阿米巴首先必须计算销售额。

刚才提到的原料部门，在考虑独立核算时，有购进原料的费用，用粉碎机混合原料以及造粒作业所花的费用，在这些费用上再加上利润，然后卖给下一道的成型部门。原料部门是公司内的卖方，成型部门是公司内的买方。

成型部门将买进的原料用压机压制成型。成型部门发生的费用有压机的折旧费、银行利息、模具费、消耗品费用，以及其他经费。在这些费用之上加上利润后再卖给下一道的烧制部门。

买进成型品的烧制部门将购入的成型品在电炉内烧制，在购入成型品的费用之上加上烧制时花费的电费、电炉折旧费等各种费用，再加上利润后卖给加工部门。

加工部门购进烧制品后，进行加工做成最终的成品。购入烧制品的费用加上加工时所花的消耗品费及折旧费等费用，再加上利润后卖给销售部门。

我认为，这么做的话，就能够计算各工序的销售额。也就是说，各工序间采用买卖原料和半成品的形态。这种公司内部的交易我们称为"公司内买卖"。卖给公司内的阿米巴称为"公司内卖"。从公司内的阿米巴买称为"公司内买"。

这时出现的问题是"公司内买卖"时如何定价。

因为各工序的阿米巴都非常重视自己部门的核算，所以定价不当就会引发争吵，招致混乱。归根结底定价必须公平。

在凭订单生产的情况下,卖给客户的销售价格在接受订单时已经决定。我从这个最终的销售价格向前推算,让所有工序都能获得大体上相同的核算效益,这样来设定内部的买卖价格,做到各阿米巴之间公平定价(见图5-2)。

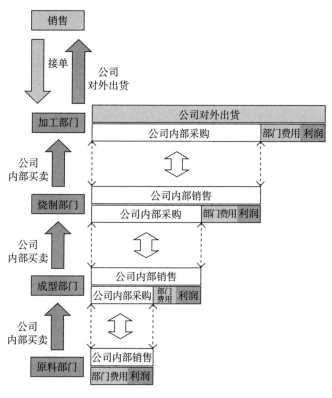

图 5-2 公司内部买卖的构成

同时，当市场价格下降时，下降的部分就会在阿米巴之间的买卖价格中反映出来，就是要对公司内部的买卖价格进行修正。这样的话，即使市场价格变化，也能公平地决定各工序之间的买卖价格。

这样来进行工序间的买卖，就可以确立分部门独立核算的制度。

表5-1是我设计的"单位时间核算表"，它显示了制造部门核算表的概要。

表5-1 单位时间核算表（制造部门）实例

科　目	预　定	实　绩
总出货		
公司对外出货		
公司内部销售		
公司内部采购		
生产总值		
费用合计		
原材料费		
五金费		
产品采购金额		
模具费		
一般外包加工费		
……		

(续)

科　目	预　定	实　绩
……		
内部技术费		
销售·公司费用		
结算销售额		
总时间		
本月单位时间附加值		
单位时间产值		

制造部门的核算表自上而下是总出货、对外出货、内部销售、内部采购。对外出货加上内部销售就是总出货，再减去内部采购，可以算出该部门的生产总值。下面的栏目是原材料费、模具费等各种各样的费用。用生产总值减去这些费用的总和，就可以计算出附加值。

附加值就是生产总值减去除人工费之外的所有费用的差额。用这个附加值去除以完成生产总值所需要的总工时，得出每小时产生的附加值，用"单位时间效益"这个形式来表达。

每一个小时的劳动所产生的附加值被称为"单位时间效益"。这个"单位时间效益"与组织大小无关，它成为一个核算指标，表示了阿米巴每个小时产生了多少附加值，对公司做出了多大贡献。

同时，这个"单位时间效益"还成为一个表达损益的指标。某个部门的总劳务费除以总劳动时间，就可以算出单位时间的劳务费。

例如，某个阿米巴单位时间的劳务费是2500日元，而做出了5000日元的"单位时间效益"，那么5000日元的"单位时间效益"减去2500日元的单位时间劳务费，剩余2500日元利润。也就是说，这个阿米巴产生了所花劳务费两倍的附加值。

在考虑时薪800日元还是1000日元时，这张单位时间核算表也可派上用场。例如，雇人支付时薪1000日元，如果他在单位时间内可以做出2500日元的附加值，那么就是付他1000日元，还可以剩下1500日元利润。从这个意义上讲，单位时间核算表在当前的雇用形态中，在计算经营损益时也十分有用。

但是，单位时间核算表的费用中不包含劳务费。如果要计算阿米巴的利润，劳务费当然应该包括在费用之中。但是，在人数不多的一个阿米巴中，如果把劳务费放在核算表里，那么这个阿米巴的巴长和成员的工资就都曝光了。这是令人担忧的。

考虑到这会恶化公司的气氛。为了避免公开员工的工资，我特意不把人工费计入费用。取而代之，用附加值除以总工时，计算出单位时间附加值，作为核算的指标。

不是用利润，而是使用单位时间附加值这个指标，就避免了赤裸裸地公开"我的部门赚了多少钱"这种太过敏感的数字。直到今天，在京瓷小的组织单位里，"我赚了多少钱"这样的数字仍不予公布，只看"单位时间效益"的核算数字。

现在公司变大了，在事业部这样的大组织里也计算税前利润了。但在过去，所有部门的经营一律采用单位时间核算表。

这张核算表的基础就是我经常给大家讲的"销售最大化，费用最小化"这一经营原则。相当于制造阿米巴销售额的"生产总值"要最大化，把费用即"扣除额"做到最小，那个附加值就能最大。

要想把核算做得更好，提高这个附加值理所当然，同时必须考虑如何减少总时间。因为将附加值除以总时间就是"单位时间效益"，所以减少总时间，或者减少担任这项工作的人数，就能提高核算效益。

也就是说，在附加值最大化的同时，把总时间做到最小，就可以把"单位时间效益"做到最大。

使用这张核算表，"为了提高本部门的核算效益，应该减少这项费用，总时间必须减去这么多"，阿米巴巴长就可以做出具体的指示。换句话说，现场的核算管理每天都能进行。

这样的话，阿米巴巴长使用单位时间核算表运行阿米巴，目光就可以到达企业的各个角落，就能提高经营效率。

接下来，为了让做出来的单位时间核算表与财务会计制度不发生矛盾，我们做了适当调整。

例如，前面讲的从原料部门到加工部门的四道工序之间，进行公司内部买卖。将这四个部门的核算表贯通起来合计的话，各工序的公司内卖和公司内买要合计，各个合计的金额数肯定是同一个金额，这个公司内买和公司内卖的数字互相抵消，最终剩下的就相当于对于顾客的销售额的"公司外出货"，使它与用于外部的损益计算表上的销售额相一致。

经过反复推敲，对管理会计用的单位时间核算表加以若干的调整，就可以直接与对外公布的财务报表完全一致。这就构筑了一个划时代的管理会计系统。

这就是京瓷阿米巴经营的原型。

运用上的问题如何解决

以上就是构筑阿米巴经营的管理会计系统的来龙去脉，但是这个系统在实际运用时发生了几个问题。

最初遇到的问题是这样的：以前面讲到的原料部门为例，在把原料卖给成型部门时，因为重视自己部门的核算，原料部门的人就想以尽可能高的价格将原料卖给成型部门。相反，成型部门的负责人为了维护本部门的核算，就想尽可能低价买进原料。同样，所有的部门都一样，都想从前一道工序低价买进，然后高价卖给后一道工序。这样，在定价时就经常会发生争吵。

特别是，京瓷生产电子零部件卖给生产电器产品的客户，客户生产电视机、手机等产品。这些产品最终的市场价格不断下降，因此客户也不断要求京瓷提供的零部件相应降价。

在阿米巴经营中，正如前面所说，根据最终销售价格来决定阿米巴之间的公司内部买卖价格。如果客户要求电子零部件降价10%，那么为了适应这个要求，阿米巴之间的买卖价格也要向下做出调整。

这时候，如果能够一律下降10%当然最好。但是，因为各个阿米巴的经营状况不同，"再降价10%，我们就不生产了"，有的阿米巴可能会这么说。如果各个阿米巴都随意提出自己的主张，那么意见就无法统一。

同一个公司内，说话声音高的人会占上风，会把自己的意见强加给性格软弱的人，这是不行的。为了克服部门利益与整体利益之间的矛盾，就需要具备在更高层次上判断事物的哲学。

因此，为了让阿米巴经营正常地发挥功能，把将"作为人，何谓正确"作为判断基准，具备优秀哲学的人物放在领导人的岗位上，是非常重要的。这样的人物就是在拼命提升自己部门的核算效益的同时，能够不用得失，而用善恶判断事物的人物。

同时，我也希望，从事阿米巴经营的所有员工都把善恶作为判断基准，以关爱之心待人接物，具备优秀的品格。

也就是说，阿米巴经营和经营哲学互相间是密不可分的关系，只有两者双管齐下，才能引导经营走向成功。

为此，我在实践阿米巴经营的同时，不断提升自己的经营哲学，并在对干部、员工的经营哲学教育上倾注了心血。

另外，为了证明会计也需要哲学，我举出在美国亲身体验的事例。

大约在35年前，在美国的圣迭戈市，我们买下了一家生产部品的小企业。

因为原来它的经营状况不佳，所以我们收购了这家企业。我去这家企业时，看到总经理和管理人员都在自己的办公室里，他们盯着电脑经营企业。我问现在情况如何，他们敲着键盘说："产品流程非常顺畅。"

但是，一到月末，管理人员的说明与现场的实际结果却大相径庭。每个月的产量变动很大，账上的库存数目也不符合实际，出现各种各样的问题。

我问管理人员："你们在房间里看电脑，电脑上的数字是谁输入的？"他们回答："这是现场的人分别输入的，我们就看他们输入的结果。"

当时，美国在制造现场工作的作业人员大半在数字方面很弱。在美国的商店购物时，售货员找零钱不会做减法，用加法找零钱，不会计算。

这样的作业人员输入的数据本身就不可靠，而公司就依据这些不正确的数字经营。我对总经理进行了严厉的批评："这数字不是胡搞吗，只是下一个简单的命令让他们干，对于输入的数字囫囵吞枣怎么行呢？首先，输入数字要正确这一点，必须在现场进行彻底的教育。"

尽管如此，因为这种最起码的事情也无法彻底贯彻，同时，也没有培养出现场的领导人，最后不得不关闭了这家公司。也就是说，作业人员将数字填入票据，连这种简单的作业也无法抱着责任感去做，因而让经营失败。我想这是一个好例子。

看一看不久前发生的美国能源公司安然公司以及世界通信公司做假账的事情吧。只要想干，很简单，粉饰决算的假账马上就可以做出来。安然公司和世界通信公司做假账是经营者也参与的，是整个集团性质的对于损益计算表和资产负债表的粉饰篡改。

由于弄虚作假的丑闻频繁发生，美国制定了SOX法案。这是为了防止企业做假账而设置的严密的审查体制，为此，上市企业在审计和内部控制上要花费庞大的费用。但是，不管审查体制多么严密，想要找对策、钻空子总是有办法的。

如果是公司里某些小的部门做假账，那么经营者就更弄不清企业的经营实态了。何况由于整个经营都委托给了阿米巴巴长，如果他们抱着错误的目的故意篡改数字，那么阿米巴管理系统就会崩溃。

所以会计做账时，必须用正确的数字，必须诚实地计算，这一哲学不可或缺。即使公司的经营状况恶化，也要具备勇气和正义感，拿出正确的数字。否则，经营和会计的工作就无法进行。

我认为，会计一旦脱离了伦理观和哲学就无法成立。所以，我将"作为人，何谓正确"这一经营哲学作为根基，展开京瓷的会计学。

在阿米巴经营的实践过程中还遇到了下面的问题。

在京瓷的工厂里，许多员工从事陶瓷产品的生产。阿米巴巴长为了提高单位时间的核算效益，每天努力不止。但提高"单位时间效益"的想法过分强烈，反而会产生问题。

在我当京瓷社长的时候，我每个月都要检查确认阿米巴核算表，有一次，我发现某个制造部门的阿米巴的"单位时间效益"上升了，但是它的附加值却减少了。

出现这个现象是因为制造部门的阿米巴把自己工序的许多工作发给了外协企业，以及公司外的家庭副业。把工作外发的部分增加了外加工费用，附加值就相应减少了。但同时，制造阿米巴的总时间因为外发而大幅度减少，所以用附加值除以总时间的"单位时间效益"反而上升了。

如果只是着眼于"单位时间效益"，那么这个阿米巴的经营内容乍看非常好，但事实决非如此。不管"单位时间效益"有多高，如果附加值这个绝对数额减少的话，就意味着对公司的贡献减少，员工的能力下降。

其实，我在刚创业时，也考虑过创建一个只有很少人数的知识性团队的公司，依靠技术设计产品，委托别的企业生产、销售，就可以打造高收益的公司。

实际上，只做开发、设计和销售，生产转包给别人的公司有的是。这么做的话，即使不流汗不吃苦，也可以做成高收益公司,我曾经受过这种诱惑。

但是,这么做,即使事业可以获得一时的成功,但作为生产企业原点的物品制作技术,就不可能在企业内积蓄,要想长期成功就难以期待。

我认为,要将事业长期持续,要更多地雇用员工,还是应该把产生附加价值的制造现场放在公司内部,应该额头流汗,致力于生产制造。

企业经营应该长期持续,决不能投机取利。基于这一思想,就是在阿米巴经营中,也强调尽可能在公司内部生产,通过钻研创新提高附加价值,积蓄制造技术。我就是这样来指导生产现场的工作。

迅速而灵活地应对市场变化:阿米巴经营的特长

下面我想谈一下我所思考的阿米巴经营的特长。

以前,我曾请教过日本的一些大企业,问它们管理会计是怎么做的。得到的答案是:几乎所有的企业都是通过计算成本的方法在经营企业。

以利用成本计算方式的家电企业为例,如果是生产电视机,就向制造部门下达"这种电视机要用这个成本做出来"的指示。

制造现场就是以这个成本为目标生产产品的成本中心,所以对于是否要做出利润,他们没有意识。要做出利润的利润中心,说到底只有销售部门,具备核算意识的不过是极少数销售部门的员工而已。

然而,在现在这个市场竞争激烈的时代,市场价格不断下降,有时候仅仅一年当中价格就要下降2~3成。在这样的市场中,就是按照一年前计划好的成本生产,当销售时市场价格低于生产成本,亏损的情况就经常发生。

特别是在这次经济萧条中,市场价格快速下降,用成本计算的方式就会出现巨额亏损。

即使事态如此紧急,在成本计算方式之下,制造部门仍然只需要守住成本就行,对于核算结果无须负责。销售部门到时也只会两手一摊,推托说:"市场价格降得出人意料,如果价格不低于成本就卖不动,所以这也是没办法的事。"结果,向谁问责都问不了。

换言之,不能不说,在价格下滑的市场中,基于成本计算的管理会计方法已经不能有效地掌握经营之舵了。

相反,在阿米巴经营中,因为制造部门也是管理利润的利润中心,为了提高自己的核算效益,它们会不断采取行动。而且,各部门间的公司内部买卖价格是从最终的市场价格向前推算决定的,所以一旦市场价格下落,与之相应的公司内部买卖价格也随之下降(见图5-3)。

当公司内部的买卖价格下跌时,制造阿米巴就会同供应商交涉,请它们降低原料价格;或者想办法提高成品率,提高作业效率,为应对价格下降立即采取行动。

这样,制造部门成为利润中心,又因为是基于市场价格来决定公司内部的买卖价格,所以这样的组织就能迅速而且灵活地应对市场的变化。

这就是阿米巴经营最大的特长。

这样经过反复试验,我创建了阿米巴管理会计。开始是在京瓷的经营中实践,不久在海外的某子公司以及收购的公司中也导入了阿米巴经营。

阿米巴经营是如何诞生的

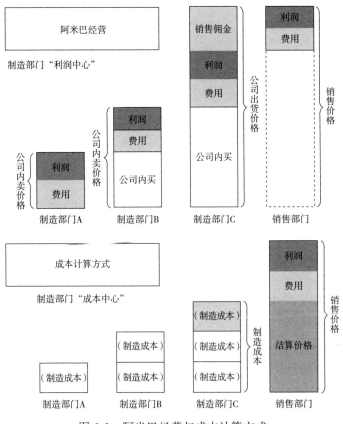

图 5-3　阿米巴经营与成本计算方式

到后来我才知道，欧美会计学的构建与其说是用于经营，不如说是给股东、投资者、金融机构等外部利害关系者看的，目的是让他们判断这个公司的经营状况。

所以，它是为了审阅公司的经营业绩和财务状况，目的并不是要实际运用于公司的经营。

京瓷要在大阪证券交易所的第二部上市时，为了确认表达公司状况的会计处理是否正确，必须请第三者审计。为此必须选择审计法人。我们邀请了宫村久治先生这位注册会计师作为审计法人代表。

宫村先生一直到逝世前，都是我的好友。但当谈及经营和会计时，我们两人就会发生激烈的争论。"与阿米巴经营相比，以前的会计学只是事后算账，这难道是正常的吗？"当我这么说的时候，因为宫村先生是顽固派，他总是反驳说："稻盛先生，你的做法与欧美的会计学无法相容，所以让我很为难。"

尽管如此，我还是强烈主张，在企业经营中阿米巴经营无论如何都是必要的。后来宫村先生也理解接受了，他说："果然如此，或许你说的才是正确的。"所以没有任何障碍，我们一直持续采用阿米巴经营体制。

上市时，我们也是依据阿米巴经营的管理资料制作管理会计表、损益计算表，并顺利上市了。

京瓷后来又在纽约股票市场上市，美国的审计法人也提出了各种意见。

但是我依然坚持实行阿米巴经营,与当地的注册会计师深入沟通以后,他们赞赏说:"这种方法与一般的公正恰当的会计惯例没有矛盾,甚至可以说它更为先进。"阿米巴经营更加先进。

另外,在25年前,在我赤手空拳创建的第二电电即现在的KDDI,也实践了阿米巴经营。

经营通信事业的KDDI的业态与制造业不同,所以将基于阿米巴经营的分部门核算的会计系统做了调整,使它与通信事业相适应。

在第二电电创业时,东京、名古屋、大阪之间用微波联结,开展长途电话事业。当时,长途通信事业的核算不是算统账,而是按关东、中部、关西等,划分成各个地区,采用独立核算的办法,为此我们下了不少功夫。

后来在手机通信事业开始后,我们又把手机通信独立出来,分地区核算。各个部门是否盈利,一目了然。我们构建了这样的会计系统。

依靠这一条,KDDI所有部门的经营实态随手就能把握，与其他竞争对手相比，可以更准确及时地做出经营判断。

我们邀请当过旧邮政部事务次官的奥山雄材先生担任第二电电的社长。他曾对我这么说：

"看到第二电电的核算管理系统，说实话，应该脱帽致敬。在邮政省时代，我看过NTT等通信公司的财务报表。像第二电电这样，哪个部门进展顺利，哪个部门有什么缺点，如此细小单位的核算也能看得清楚明了，这样的管理系统我从没见过。第二电电的经营业绩之所以能超越NTT，我想原因就在于这种精致的管理会计系统。"

托大家的福，KDDI的年销售额已达35 000亿日元，利润达4400亿日元，已经成长为仅次于NTT的日本第二的通信事业公司。

前几天中国举办了新中国成立60周年的庆典，我受到邀请，出席了在人民大会堂的晚宴，观看了天安门广场的阅兵仪式。

中国经济获得了巨大的发展。但是另一方面，中国企业的会计制度存在一些马虎、不正规的情况。一些大企业连自己有多大的信用度都搞不清。当指出某个地方不对，他们就说一声"这么一改就行了吧",态度也不认真。

在这种状态中,很多中国的企业经营者在学习我的经营哲学,并要求导入阿米巴经营,为此,甚至提出要求成立专门的组织。

今后,如果中国企业也广泛采用我的经营哲学和阿米巴经营的话,我想,中国的经济发展将更加协调,将取得了不起的成果。

只要是想认真经营企业的经营者,他们就需要像阿米巴经营这样的管理系统,这种经营者全世界应该很多。

我期待,由我独自创建的这一经营管理的方法不久后就能普及到全世界的企业,对企业经营做出更大的贡献。

由于时间关系只能割爱了。在"阿米巴经营学术研究会的讲演会"上,继我的讲演之后,一桥大学的广本敏郎教授、京都大学的上总康行名誉教授、京都大学的泽边纪生教授等人,从阿米巴经营的各个侧面发表了他们的研究内容。另外,神户大学的加护野忠男教授等老师还举办了阿米巴经营的公开座谈会。

从这些发表中可以看出,阿米巴经营在学者和研究者中间也获得了很高的评价。

我衷心祈愿，经过阿米巴经营学术研究会的努力，阿米巴管理会计能够作为优秀的会计学确立起来。

今天是今年最后一次塾长例会，在东京召开，全国各地的许多塾生聚集到这里。经济环境非常严峻，我祈愿各位塾生迎来一个如意的新年正月。我的讲话到此结束，谢谢大家。

要 点

为了在经营中做出利润，不是在事后了解盈亏的结果，为了现在做出利润，必须掌握现在的数字。也就是说，从事实际工作的现场人员应该把握住每天的盈亏数字。

○

为了成功地经营企业，经营者不必说，负责运行各自部门的部门领导人也必须抱有"要做出利润"这一强烈的意志去推进工作。传统会计的做法却有局限，它只是在事后报告结果。应该建立一种管理体制：它能够反映经营者的意志，能够将行动结果用实绩数字表达出来。

○

培养公司中分担经营责任的部门领导人，为此，要把壮大起来的公司组织分割成一个个小的组织,让它们独立核算。如果是人数不多的小组织,那么即使是年轻的领导人也能够运行。

○

不再是经营者一个人看到迟到数月的财务报表忽喜忽忧,而是将公司划分成一个个小组织,任命各组织的领导人,让他们负责各自部门的核算,借此培养具备经营者意识的人才,这样来运行公司。

○

阿米巴经营的原点就是把组织划分成小组织分别核算,用独立核算的方法来运行。

○

分割后的小组织就能根据市场和商业环境的动向,宛如充满生命力的微生物一样灵活应变。鉴于这种状态,我就把这样的小组织命名为阿米巴。

○

每一个小时的劳动所产生的附加值被称为"单位时间效益"。这个"单位时间效益"与组织大小无关,它成为一个核算指标,表示了阿米巴每个小时产生了多少附加值,对公司做出了多大贡献。

○

为了让阿米巴经营正常地发挥功能,把将"作为人,何谓正确"作为判断基准,具备优秀哲学的人物放在领导人的岗位上,是非常重要的。这样的人物就是在拼命提升自己部门的核算效益的同时,能够不用得失,而用善恶判断事物的人物。

○

我希望,从事阿米巴经营的所有员工都把善恶作为判断基准,以关爱之心待人接物,具备优秀的品格。阿米巴经营和经营哲学互相间是密不可分的关系,只有两者双管齐下,才能引导经营走向成功。

○

会计做账时,必须用正确的数字,必须诚实地计算,这一哲学不可或缺。即使公司的经营状况恶化,也要具备勇气和正义感,拿出正确的数字。否则,经营和会计的工作就无法进行。

○

只做开发、设计和销售,生产转包给别人的公司有的是。但是,这么做,即使事业可以获得一时的成功,要想长期成功就难以期待。要将事业长期持续,要更多地雇用员工,还是应该把产生附加价值的制造现场放在公司内部,应该额头流汗,致力于生产制造。

○

在阿米巴经营中,制造部门也是管理利润的利润中心,为了提高自己的核算效益,它们会不断采取行动。而且,各部门间的公司内部买卖价格是从最终的市场价格向前推算决定的,所以一旦市场价格下落,与之相应的公司内部买卖价格也随之下降。这样的组织就能迅速而且灵活地应对市场的变化。

超越经济变动,实现企业持续发展

在第 18 届中外管理官产学恳谈会上稻盛的讲演
——2009 年 11 月 2 日

  由中国著名的经济杂志《中外管理》主办的"第 18 届中外管理官产学恳谈会"于 2009 年 11 月 2 日在北京举办。
  这个恳谈会有中外著名经济学家、相关政府官员以及学者参加,围绕企业经营中的课题展开讨论。稻盛作为主题讲演的一员,面对约 900 名听众,以前一年发生的雷曼危机为例,讲述了超越经济变动的经营方法和经验。

如何超越经济变动

今天,在中国有代表性的企业家面前有发言的机会,我感到十分荣幸。今天我讲演的题目是"超越经济变动,实现企业持续发展"。

世界经济从 2008 年 9 月美国金融危机爆发以后迅速恶化,因为波及实体经济,出现了整个世界同时萧条的局面。直到最近,经济才开始走出谷底,有所恢复。在这种情势下,中国仍然宣布要达到"8% 的经济增长率",同时出台了高达 4 万亿元的经济刺激政策,在世界经济恢复的过程中站到了前列。但是,美国的经济状况等各个方面仍有许多不稳定的因素,形势依然不容乐观。

这次由美国金融机构破产所引发的经济危机,真所谓是"百年一遇",超越了国界,给各国经济乃至企业经营造成了很大的影响。然而,回顾过去的世界经济,变动起伏是反复出现的。大大小小、各式各样的景气和不景气总是交替产生,时而还会发生大萧条、经济的大地震,给企业经营造成很大的冲击。

比如,回顾我亲身经历的第二次世界大战后的日本经济,从战败后的废墟中崛起,长达半个世纪,看起来似乎是持续成长发展，但实际上，日本经济是在反复的经济变动过程中发展起来的。在经济变动的波涛之中，日本企业荣枯盛衰的故事不胜枚举。有的企业被这种波涛冲垮，有的企业乘风破浪，在经济变动中获得飞跃发展。实际上，包括中小企业在内，为经济变动的旋涡所吞噬因而倒闭的企业数量更大。翻开日本战后的产业史，呈现出的可谓是"尸骨累累"的景象。事实上，那些越过了累累尸山的企业，直到今天依然繁荣兴旺，发展势头不减。

释迦在形容人世时，曾用"诸行无常"一语道破。在变幻莫测的经济大潮中翻滚的企业境遇之严酷，正如释迦所言。但是，变幻莫测正是这人世的"命运"，今后也一样，无法预测的经济变动的波涛仍将不断地冲击企业。既然这种时而袭来的经济变动如"命运"一样无法回避，那么我们企业经营者应该如何思考，应该如何来执掌经济之舵呢？我想结合我平时的思考，以及我实际应对经济变动的经验，来展开今天的话题。

频繁变动的日本战后经济产业史

我想先简要地回顾一下变化频繁的日本战后经济产

业的历史。这对当今取得惊人的经济发展的中国来说，或许可供参考。

1945年日本战败，全体国民团结一致着手经济的复兴。但是，刚战败的日本经济非常困难，国内的工厂、运输设备、基础设施大半损毁，同时海外的日本人大量归国，出现了通货膨胀和粮食危机。

当时的日本，除了每一位国民面对废墟向往富裕的愿望之外，几乎一无所有。但正是这种渴望富裕而催生的勤奋，成为日本从焦土中奋起的原动力。全体国民为追求富裕而拼命工作，他们汗水的结晶创造了日本经济的"世界奇迹"，带来了经济复兴的丰硕成果。

1960年日本政府发布了"国民收入倍增计划"，致力于大幅提高国民的生活水平。1964年日本举办了东京奥运会，同时贯通日本东西的大动脉高速公路和高速铁路等社会基础设施快速建成。1970年大阪世博会开幕。

这期间，电视机等家用电器迅速普及。当此"家庭电器化时代"到来之际，20世纪60年代，我们京瓷公司作为生产电视机显像管中的陶瓷绝缘品的厂家，迎来了创业期。

作为日本经济高速增长的标志,由出口产业拉动,以年增长率 9% 的速度持续发展。但进入 70 年代,快速增长的日本经济走到了转折的关头。这就是 1971 年的所谓"尼克松冲击"。美国因为连年的贸易逆差而放弃了美元的固定汇率制度。在这之前的 20 多年里,汇率被人为控制在 1 美元 =360 日元的水准上。习惯了这种汇率的日本出口产业不得不改变经营的方向。努力削减成本以维持价格竞争力是理所当然的事,同时提高产品质量、开发独创性的产品,日本的产业结构被迫向高附加值的方向转变。在这个过程中很多企业被淘汰出局,但作为整体而言日本经济仍然持续增长,经常收支的盈利状况并没有改变。但不久日本又受到了石油危机的冲击。

因中东原油价格飞涨引发的石油危机,使企业订单急剧减少、原材料成本迅速攀升,日本企业一时陷入了巨大的混乱之中。但是由于许多企业的拼命努力,最终克服了这次空前的经济危机。有关我处理石油危机时的经验,后面还要谈到。

克服了连续两次的石油危机,日本企业进一步加强了竞争能力,日本的贸易顺差继续扩大。由于日本出口大幅增加,日美之间的贸易失衡问题更加突出,从 20

世纪70年代后半期开始，日美贸易摩擦日益加剧。在美国的强硬要求下，为修正贸易失衡，日本以钢铁、汽车为主，自行限制对美出口，同时采取降低关税等措施，促进从美国的进口。日美间的贸易摩擦虽然持续了很长时间，但后来日本企业采用在美国建立生产基地等方法，使这个问题逐步趋向缓解。

回头来看，伴随浮动汇率制度的实行而导致的日元升值，虽然对日本企业是一个很大的挑战，但同时也带来了进口成本和海外投资成本降低的好处。更重要的是，日元升值反而成了日本企业提升国际竞争力的契机，因为日本企业为了消化日元升值的压力，在企业合理化方面做出了巨大的努力。其后，1985年的"广场协议"使日元进一步升值。1995年日元甚至创纪录地升至1美元=79日元。"再绞拧已挤干了的毛巾！"许多日本企业彻底地提高效率，取得了更大的经营成果。

1995年的超高日元汇率，对出口比例超过40%的京瓷也是一次严峻的考验。但全公司团结奋斗，彻底削减成本，虽然销售额一时有所减少，但利润率没有下降，一直确保在20%左右。

以"广场协议"后的日元升值为契机，资金开始从海外流入日本，同时为了救助因日元升值而陷于困境的出口产业，日本政府实行了宽松的金融政策。由于这些原因，从20世纪80年代后半期起，日本经济中投机热一下子升温，特别是对股票和土地的投资，不仅企业，连个人也都踊跃参与。股票市场的平均股价仅仅5年就涨到了3倍，6大城市的地价也在短短几年中飙升到了3倍。升值再升值，一时坊间甚至流传着"东京23个区的地价足以买下整个美国国土"这样的神话。日本的很多企业听从金融机构的劝导，热衷于土地和股票的投机。但是我们京瓷决不依靠投机获利，我们一如既往，专注于事业经营，靠自己流汗来获取利润。

缺乏实体经济增长的支撑，泡沫经济理所当然不久就崩溃了。1990年财政当局抑制经济过热的政策一出台，立即成为导火线，股价、地价开始暴跌，不仅许多企业承受了巨额账外损失和负债，而且战后一直支撑日本经济发展的金融系统也开始摇摇欲坠，发出了崩裂的声响。泡沫经济时期，以企业土地作抵押，银行贷出了大量的资金。由于地价下跌，这些贷出的资金都变成了不良债权。银行因拥有大量不良债权而陷入经营危机。

截至2002年，日本的大型银行被迫处了高达88

万亿日元的庞大不良债权。政府注入公共资金,银行处于维持惨淡经营的窘境。银行的困境导致了"惜贷",银行不愿向企业融资,这又引发了以中小企业为主的连锁性企业倒闭,其影响波及了整个社会。结果是,1998年和1999年日本经济连续两年负增长,尔后又陷入长期低迷。因此 20 世纪 90 年代的日本经济被称为"失去的 10 年",进入了长期的严冬。

进入新世纪以后,大型银行的不良贷款的处理基本完成,企业收益有所改善,日本经济迎来了恢复期。但 2001 年伴随美国 IT 泡沫破裂,以电子工业为中心的日本产业界又遭受打击,许多企业利润大幅下滑。日本经济的创伤眼看即将愈合之际,开头所讲的这次因美国金融机构破产引发的世界性经济萧条再度袭击了日本企业,现在有很多日本企业还在痛苦中挣扎。

以上,我就日本经济在战后 60 年中所走过的历程、所遭遇的经济变动做了概要的说明。

慎重坚实的经营引导企业持续发展

企业周围的经济环境就是这样变动频繁。不管拥有多么好的独创性技术，不管拥有多么高的市场占有率，不管具备多么完善的经营管理体制，也不管自以为经营基础多么坚如磐石，在突然袭来的经济变动面前，企业仍然可能不堪一击。

在如此严峻的经营环境中，我们京瓷今年正好迎来了创业50周年。在这50年中京瓷没出现过一次亏损。许多企业，何止是亏损，甚至濒临倒闭，或以解雇员工勉强维持生存。翻阅波澜万丈的历史，京瓷经历半个世纪而能持续成长发展，这是十分罕见的。

看到京瓷至今走过的历程，也有人认为"那不过是京瓷的产品和事业碰巧赶上了潮流，那只是幸运"。但是我认为决非如此。靠"幸运"支撑半个世纪之久，那是不可能的。反复袭来的经济变动把许多企业淘汰出局，而一个企业在长达50年的历程中，不仅能够持续生存，而且能够年年岁岁不断成长发展，其中肯定存在必然性的原因，那就是指引企业持续成长发展的"经营的要谛"。

但是，指导企业长盛不衰的"经营的要谛"绝不是什么复杂难懂的道理，最重要的是经营者的态度。这种态度就是所谓"慎重坚实的经营"，我认为这极为单纯。

当然在激烈的市场竞争中，为了保护员工，为了企业的生存，经营者决不能示弱，要有坚韧好胜的性格和积极果断的行动。但是为了企业的长期繁荣，经营者无论如何都必须小心谨慎，要保持"如履薄冰、如临深渊"的心境。

因谨慎的性格实现了无贷款经营

我想回顾一下京瓷创业初期的情景。创业第一年的销售额约为2600万日元，利润约为300万日元。既没有经营经验又没有经营知识，刚刚着手经营，第一年结算就实现超过10%的利润率，做出300万日元的利润，当时我特别兴奋的心情至今记忆犹新（准确的数字：第一年的销售额为2627万日元，利润为324万日元）。为什么会那样高兴，因为有钱归还借款了。

在公司创业之初，有一位信任我的支援者用自家房产作抵押，从银行贷款1000万日元作为京瓷的创业资金。"与我无亲无故的朋友居然用这种方式来帮助我，我决不能让他蒙受损失，必须尽早归还贷款。"这个念头时时催逼着我。

还有一点是我自己生来的性格。我的父亲十分忌讳向别人借钱。第二次世界大战前我还幼小的时候,父亲经营家庭印刷厂,有很大的印刷机器,还雇用了员工,在乡下也属于成功者的行列。但是在第二次世界大战的空袭中,家屋和工厂都被炸毁了,一时间父亲茫然不知所措。战后父亲已经完全没有了重建印刷厂的念头,不管家属怎样催促,他都毫不动心:"在这种通货膨胀的时期,借钱背债务,让7个孩子没饭吃,那可不行!"或许是继承了父亲稳重小心的性格吧,我对借钱负债抱有极端的恐惧。

基于上述原因,加上我是技术员出身,没有经营的知识和经验,当时甚至连税金的概念也没有,所以当我得知第一年就有 300 万日元利润时,我就十分开心:"如果有 300 万日元利润,那么 1000 万日元的贷款 3 年就能还清。"但是理所当然,支付了税金以后就只剩下大约一半 150 万日元,再支付股东分红和董事报酬,就只剩 100 万日元了。这样的话,归还 1000 万日元的贷款不是要花 10 年的时间吗。我当时用的是经过改进的二手设备,到时总要有新设备投资吧,但仅仅归还创业贷款就要花 10 年时间的话,新设备投资就无法期待。我感到非常惶恐。

我向那位支援者请教："如果这样的话，公司不可能发展壮大。花10年时间还清银行贷款时，现有的制造设备已经老化。不！如果考虑到技术的进步，现有设备不可能用上10年。公司将向何处去，我完全不得而知。"

于是，那位支援者笑着对我说："你说什么呢？因为你拼命努力，第一年就有了10%的利润，非常了不起。虽然融资1000万日元，但是在支付了银行利息后还能有10%的利润，说明这项事业大有希望。如果估计销售额还将增长的话，应该继续接受银行贷款，积极进行设备投资。"

我答道："那不是要增加贷款了吗？"他说："这就叫事业。"但是我仍然回答说："借了1000万日元，给您添了这么大的麻烦，我很不安，再要贷款我非常惶恐，实在做不到。"这位支援者说："你是优秀的工程师，却成不了优秀的经营者。只强调归还贷款，那样公司就不能发展壮大。凡是事业家都会从别处筹措资金，进行设备投资以发展壮大企业。只要能偿还利息，提取折旧，贷款投资设备既不丢人，也不是坏事。"但是，当时我没有经营经验也缺乏常识，只能按照自己内心的希望，发誓不再增加贷款，而将还贷作为要务放在首位。

这时我突然意识到:"利润率10%的情况下,在支付了税金、奖金、分红以后,手头只剩下100万日元,这样偿还贷款就要10年,那么,将上述各项全部扣除后,再能剩下300万日元纯利的话,不就行了吗?那样只需3年就能还清贷款。也就是说,不满足于第一年10%的利润率,而设定更高的利润率目标开展经营就行。"这一认识成了京瓷高收益经营的起点。

公司创业不久,就立志要成为高收益企业,并不是因为我是野心家,也不是因为我有贪欲之心,而是出于我谨慎小心的性格,坚持"慎重坚实的经营"。在这种慎重经营的态度下,我平时又用心做到"销售最大化,费用最小化",此后利润率有时甚至接近40%,使京瓷成了日本有代表性的高收益企业。同时将取得的利润作为企业内部留存不断积累,使京瓷成了日本有代表性的、值得自豪的财务体质宽裕的无贷款企业。

高收益带来三种力量

这里的要点是:以谨慎的态度经营企业,打造高收益的企业体质,形成值得自豪的财务体质宽裕的企业。

这就是京瓷克服多次经济变动，顺利发展至今的原动力。也就是说，高收益可以降低企业的盈亏平衡点，高收益是一种"抵抗力"，使企业在萧条的形势中照样能站稳脚跟，也就是说，企业即使因萧条而减少了销售额，也不至于陷入亏损。同时，高收益又是一种"持久力"，高收益企业有多年积累的丰厚的内部留存，即使萧条期很长，企业长期没有盈利，也依然承受得住。另外，因为萧条期购买设备比平时便宜许多，此时经营者可以下决心用多余的资金进行设备投资，使企业获得再次飞跃的能力。

在日常的经营中，采取慎重的经营态度，尽力打造高收益体质，这不仅是预防萧条最重要的策略，而且是应对萧条的最佳处方。从这个意义上讲，我在公司内外总是强调："没有10%的营业利润率，就算不上真正的经营。"

萧条出现，首先是客户的订单减少，对制造业来讲，就是没有活干，可卖的产品减少，由此销售额降低，比如本来卖100个的现在只能卖90个，利润当然会减少。这时候，因为平时有10%的利润率，即使销售额下降10%，照样可以盈利。不！就是销售额下滑两成，企业仍然可以保证有一定的利润。只有当销售额下降30%、40%时，才可能出现赤字。因为利润率高意味着固定费低，销售额多少降一些，利润只是减少而已。如果企业利润率达到20%、30%，即使销售额降去一半，企业仍可盈利。也就是说，一个高收益的企业即使遭遇萧条，销售额大幅下降，仍然可以保持一定的利润。这意味着企业的基础非常稳固。

事实上，在京瓷50年历史中，前面已经讲到，我们虽经历过因萧条而销售额大幅下降的情况，但从来没有出现过一次亏损。1973年10月第一次石油危机冲击全世界，受其影响，世界性的萧条波及京瓷，1974年1月，京瓷每月有27亿日元的订单，但到了同年7月，降至不足3亿日元，可以说是骤减。也就是说，仅仅半年之内，订单就降到了1/10，尽管遭遇如此急剧的经济变动，这一年京瓷依然没有亏损。因为京瓷具有独创性技术，能批量制造当时其他企业都做不了的新型陶瓷产品，而且平时又贯彻"销售最大化，费用最小化"的经营原则，利润率超过了值得自豪的30%。

形成高收益的企业体质还可以对保证员工的就业做出贡献。在石油危机引发大萧条的时候，连日本的大企业也纷纷停产，解雇员工，或让员工歇业待岗。此时京瓷在保证所有员工正常就业的同时，仍然确保产生利润。同时通过高收益获得的利润作为企业内部留存不断积累。即使因萧条而转为赤字，在相当长的时间内，不向银行借款，不解雇员工，企业照样挺得下去。之所以能够不断积累企业内部留存，是因为我本来就属于谨慎小心又爱操心的那一类人。"一旦遭遇萧条该怎么办呢？"我一直忐忑不安，也正因为如此，我经营企业就格外努力，所以，即使处于石油危机的漩涡中心，在公司的安全性方面我仍有足够的自信。经济不景气，员工就动摇。当时我充满自信地说："请大家不要担心，虽然优秀企业也因不景气接连破产，但我们京瓷仍然可以生存，哪怕两年、三年销售额为零，员工照样有饭吃，因为我们具备足够的储备。所以大家不必惊慌，让我们沉着应战，继续努力工作。"

我用这些话来稳定军心，这话既不是谎言也没有夸张，事实上当时京瓷确有足够的资金。京瓷从创业以来直到今天，一直持续这种脚踏实地的经营，现在京瓷随时可以使用的现金约有4700亿日元，股票等资产约有3700亿日元，合计约有8400亿日元的储备。京瓷不管遭遇怎样的萧条都不会很快动摇经营的根基。

企业长期的稳定优先于 ROE

但是近年来,有人对我主张的慎重坚实的经营方针提出了异议,他们看重股东资本利润率,即所谓 ROE。以美国为中心的投资家认为我上述的经营方针是不正常的。ROE 就是相对于自有资本能产生多少利润,从重视 ROE 的投资家看来,不管你有多么高的营业利润率,你只是把赚到的钱储存起来,用这么多的自有资金却只能产生这么低的利润,他们就判断为投资效率差。

受他们的影响,不少经营者也开始认为"必须提高 ROE"。因此,他们用辛苦积攒起来的内部留存去并购企业,购买设备,或购买本公司股票,消耗掉内部留存。将自有资金缩水,去追求短期利润最大化。这样的经营 ROE 达到了高值,在美国式资本主义世界,这样的经营被评价为优秀。

京瓷的经营高层在美国、欧洲开投资说明会时,总会听到这样的意见:"京瓷的自有资本比例实在太高,而 ROE 太低,存这么多钱干什么呢,应该去投资,应该去并购企业,应该勇于挑战,好赚更多的钱,给股东更多的回报,这是我们投资家的要求。"听到经营干部的汇报,我就说:"完全不必按那些投资家的意见去办。"

当"ROE高的企业就是好企业"这种观点成为常识的时候，我的意见就是谬论。但是，这种所谓常识，归根到底，不过是短期内衡量企业的尺度。现在买进股票，待升值时抛出，这样就能轻松赚钱。对于这样思考问题的人来说，当然ROE越高越好，但我们要考虑的是企业长期的繁荣，对于我们来说，稳定比什么都重要，企业应该有足够的储备，才能承受得起任何萧条的冲击。

就这样，我从很早开始就坚持以慎重的态度执掌经营之舵，结果就把高收益经营作为目标，并不断积累企业内部留存。我坚信，这样做就能预防萧条，克服经济变动，引导企业走向长期繁荣。企业应该尽早归还银行贷款，打造高收益的企业体质，这样努力的结果，不仅实现了无贷款经营，而且因不断积累内部留存，又建立了极其健全的财务体质。至于设备投资，没有回收的把握就绝不进行。半个世纪以来，我固执地坚持了这种慎重经营的态度。"这样去经营，企业不可能发展壮大。"周围的人总是这么说。正因为坚持了慎重经营的态度，在众多企业被淘汰的风浪中，京瓷却能超越多次经济变动，持续了长达半个世纪的成长发展。

利他之心引领企业不断发展

当然,并不是说只要有慎重经营的态度这一点就够了。在经营企业的过程中,我会获得各种各样的启示,我每次都会把这样的心得记在本子上,而且一有机会,就向公司内外的人们做解释。我将自己思考的有关经营的原理原则称为"哲学",其中有"重视独创性""成为开拓者"这一类提倡积极果断地向新事物发起挑战的重要内容。

同时,作为实现新目标的方法,我提出了"怀有渗透到潜意识的强烈而持久的愿望""不断付出不亚于任何人的努力"以及"明天胜过今天,后天胜过明天,反复钻研创新"等理念。

再进一步,要在企业间激烈的竞争中取胜,要不断实现经营的高目标,我又提出经营者必须具备像格斗士那样"燃烧的斗魂"和洞穿岩石般"坚强的意志"。

除了经营哲学之外,我还谈到了经营者必须掌握具体的经营管理手法,包括要精通实用的企业会计,要在企业内部建立管理会计的体制等。但是,作为经营者,我认为这些经营思想和经营管理体制的基础,归根结底还在于经营者必须具备慎重坚实的经营态度，必须构筑绝对安全的经营基石。

回顾半个世纪走过的历程，我强烈而深切地感觉到，正是有了上述的经营态度和思想，才有了我们企业的今天。为了保证企业长期持续地发展，近来我强烈地感觉到，还有一条也极其重要。这就是经营者不能只顾自己个人的私利，不能只顾满足自己的欲望，而必须考虑员工、客户、交易对象、企业所在社区等，必须与企业相关的一切利害关系者和谐相处，必须以关爱之心、利他之心经营企业。

为什么？因为近年来我们看到，很多企业之所以垮台，并不是因为经济变动这一外部的原因，而是经营者自身的素质问题，是经营者"自毁长城"。我们还记得，2001年美国的安然公司、世界通信公司，以及最近的雷曼兄弟公司等，攫取巨额报酬的经营者的贪婪成为企业破产最根本的原因。我认为这么说也不过分。2008年9月破产，并由此引发经济危机的美国投资银行雷曼兄弟的首席执行官理查德·福尔德，在2000年后的任期中获得3.5亿美元的巨额报酬。另一家美国大型投资银行美林证券，因次贷遭受巨大损失，被美国银行收购，它的首席执行官斯坦·奥尼尔引咎辞职时的退职金竟达1.6亿美元。

企业的利润是企业的全体干部和员工共同努力和协作所取得的成果,这种成果却被认为是企业领导人一个人的功劳,一人独享高额报酬,这是极不应该的。经营者的这种贪婪引发企业内部的不和谐,进而成为企业破产的原因。这种因为忘却谦虚、一味利己而导致企业破灭的事例,不只是美国,可以说古今东西不胜枚举。

比如某位经营者有才能,很努力,从销售额不足1亿日元的小企业做起,逐步发展到销售额100亿日元的中坚企业。如果这位经营者不知满足,一味追求个人利益,追求更加奢侈的生活,傲慢不逊,那么他终将走向灭亡。看一看第二次世界大战以后日本的企业经营史,那些稀世的事业家创建公司,经历千辛万苦,好不容易构筑了出色的企业,最后却因为自身的变质,使企业陷入衰亡,也玷污了自己的晚节,这样的事情司空见惯。这些企业经营者历尽辛酸、艰苦创业时都加倍的勤奋、质朴谦逊,但一旦功成名遂,就开始无节制地追求金钱、名誉,骄傲自大,不久便走向没落。

人们对自身的蜕变不易觉察。那些一攫千金的美国金融机构的经营者,最初他们也未必是贪得无厌的人,但因为他们缺乏明确的哲学,随着环境的改变,他们自己也堕落变质。

必须竭力排斥自以为是、动不动就"我呀我"的利己的欲望,必须让为员工、为客户、为社会、为他人好这种关爱之心和利他之心占据自己的心灵。在这种美好的、善良的心灵之上,加上拼命努力,那么,"要把企业做大""要更好地拓展事业"这样的愿望不仅能够实现,而且能与员工、客户、交易对象、股东、企业所在社区等,即企业的一切利害关系者协调和谐,企业也就能持续繁荣、经久不衰。

纯粹的、高尚的思想导致第二电电的成功

对于这一点我自己有切身的体验。我举 KDDI 的例子,这是一开头就讲到的、继京瓷之后我经营的另一家公司。

20 世纪 80 年代中期之前,国营通信企业电电公社一直垄断日本市场,通信费用与各国的水准相比高得离谱。信息社会即将到来,而世界第一昂贵的通信费用是一大障碍,民众感到困扰,正当我为此担心时,政府的

方针发生了变化，一方面要将电电公社民营化；另一方面允许有新的企业介入通信事业。电电公社民营化后成为 NTT，再有新企业介入，只要展开正当的竞争，通信费用一定会降低。我希望有优秀的企业早日报名参与。

但是，将近一个世纪作为官办企业运行的 NTT 实在太强大了。所有的企业全都按兵不动，与 NTT 对抗的风险巨大，大家全都裹足不前，不肯举手。如果没有新企业介入，NTT 垄断的体制就将继续，通信费用就不会下降。虽然对于通信事业我几乎无所知，但经过深思熟虑，我决定以京瓷为核心，创建第二电电，介入通信事业。

当时的京瓷不过是销售额 2500 亿日元的地方性中坚企业，这样的企业居然表示要到首都东京去参与国家性规模的工程，有人讽刺我"不自量力"。但是我认为这样做是"为社会，为世人"所绝对必需的，我欲罢不能，毅然报名参与。

其实，在我正式报名前的六个月里，每晚临睡前，我都反复地自问自答："你创立第二电电公司，参与通信事业，你的动机是善的吗？其中没有夹杂私心吗？

你不是想出风头吧？不是想赚钱吧？"这些问题再加进"动机至善、私心了无"这句话，我在长达六个月的时间里，不断严厉地逼问自己。回家时不管多么疲倦，即使宴会饮酒后回到家，一晚都不缺，我反复地扪心自问。经过半年的自问自答，我终于认定："我的动机纯粹，没有任何私心。日本将迎来信息社会，要降低国民负担的通信费用，仅此一心而已。"这样我才正式举手报名。

随后，紧跟京瓷，以当时的国铁为中心的日本TELECOM公司也举手参与。国铁本来就有铁路通信的组织，要建设长途通信干线，只要沿铁路干线一侧铺设光缆，很简单就能完成。还有一家，以当时的建设厅和道路公团为中心的企业集团也报名参加。它也只要顺着高速公路沿线铺设光缆，就可以很容易地完成长途通信的基础设施。它打出"日本高速通信公司"的旗号。

与它们相比，第二电电没有任何基础设施。我们之所以举手，凭的仅是纯粹的动机。第二电电不得已只能构筑无线通信网络，在一个接一个的山峰上架设抛物面天线，用无线中转来建设通信干线。当其他两家公司分别沿铁路干线和高速公路铺设光缆的时候，我们第二电电的员工饱含热泪、拼命工作，在没有道路的山顶上设置抛物面天线，构建通信网络。

当时的报纸杂志大肆宣传"胜负已定",它们预测第二电电很快就将败退。但是,一旦通信服务揭开序幕,以前评价最低的第二电电成绩名列第一。其原因无非是,"为民众降低通信费用"这一设立公司的大义名分,不仅引起了干部和员工内心的共鸣,促使他们忘我工作,还获得了客户、交易对象、代理店以及当时日本社会一致的认同和支持。

现在,当初的通信事业新准入企业中,只剩第二电电化身KDDI继续存在,销售额高达3.5万亿日元,利润高达4400亿日元,成为值得自豪的日本第二大通信运营商,而且前途无量,兴旺发达,正在继续成长发展。

有完备的基础设施,有优秀的专业干部,还有充裕的资金,条件优越的大企业,连他们也觉得"太难",犹豫不决而不敢贸然介入的事业,京瓷这样什么条件都不具备的企业,把"为社会,为世人"这种纯粹的动机提升到"信念"的高度,果断参与。而且许多人都认为"京瓷很快会失败",在这种议论声中京瓷获得了成功。我认为这个事实揭示了一个非常重要的"真理"。

这个真理就是,在纯粹的、高尚的思想里秘藏着巨大的力量。活跃在 20 世纪初期的英国哲学家詹姆斯·艾伦这样说："心地肮脏的人因为害怕失败而不敢涉足的领域，心灵纯洁的人随意踏入就轻易获胜，这样的事例并不鲜见。原因是，心灵纯洁的人总是气定神闲，他们总是以更为明确、更强有力的目的和意识来引导自己能量发挥的方向。"

读詹姆斯·艾伦这段话，回顾第二电电创业至今的路程，我深深地感到，正是基于这种纯粹的思想，我们才会成功，才能持续地繁荣兴旺。

致力于善事，伟大之力自然加持

人、财、物各种经营资源齐备，被认为必定成功的企业消失了，而只把"为社会，为世人"这种纯粹的动机作为最大经营资源的第二电电幸存下来，在变幻莫测的通信领域，从创业开始经历了 1/4 个世纪，依然继续成长发展。我认为，这里就存在着指引企业持续繁荣的、最重要的"经营的要谛"。

其实，利他是最强有力的。让对方高兴，与人为善，这样的行为最终一定会带来成功。这是这个世界俨然存在的真理。为什么会产生这样的结果？因为利他的行为会让我们获得超越自己的伟大力量。让对方生存、帮助对方、为对方好，如能具备这种美好的关爱之心、利他之心，一种超越自己的伟大力量就会自然地添加进来。自己想"如能这样该多好啊"，但结果比你想象的更好。并且它会授予你了不起的智慧，帮助你克服无法预测的、突如其来的经济变动，好像成功从对面向你走来一样。

其实，这样的真理，中国的思想家自古以来就教导过我们。《易经》里有句话叫"积善之家，必有余庆"，就是说积德行善之家，世世代代都能获得幸福。另外《尚书》里说"满招损，谦受益"，就是说骄傲的人会蒙受损失，谦虚的人将获得利益。我认为，这样的教诲绝不是陈腐的所谓"故事格言"，而是昭示正确处世态度的"真理"，也是我们日常生活中必须遵循的"规范"，而且，这也正是引导企业走向成功，并使成功长期持续的"哲学"。

希望这个会场在座的各位也要竭力排斥"只要自己好就行"的利己之心，在关爱心、慈悲心、利他心的基础之上努力奋斗，抱着要让员工、客户、交易对象、社区，即企业周围所有的人获得幸福、变得富裕的信念去经营企业，勇往直前。这样的经营就可以引导企业不断发展壮大。相反，忘记这些道理，企业经营者只顾满足自己的私利私欲，就必将招致员工的叛离，失去客户和交易对象的支持，还会受到社会的责难，结局就是企业遭到淘汰的命运。

为了引导企业走上正道

在今后的企业经营过程中，我们还会遭遇各式各样的不以我们经营者自己的主观愿望为转移的经济变动，好像在狂风暴雨而又漆黑一团的大海中航行一样，环境极为严酷。但是，就在这样的环境中，我们经营者肩负着必须把好经营之舵，把企业引向正确道路的重大使命。我认为，这时候成为指南针的，就是站在企业经营第一线的经营者的哲学和思维方式。经营者不断提升自己的心性，用正确的哲学、正确的思维方式从事企业经营，就能够避免判断失误，将企业引上不断发展成长的光明大道。

从这个意义出发，我最早的著作就用"提高心性，拓展经营"这一书名。这也是前面提到的盛和塾的信条。

依据这一信条,现在有多达5000余名盛和塾塾生通过学习我的经营哲学,不断地提升企业的业绩。现在这些塾生企业的销售额合计据说已达到24万亿日元。

聚集在"中外管理官产学恳谈会"的中国有代表性的经营者们,我衷心祈望你们在注意"慎重坚实的经营"的同时,一定要努力"提高心性",克服各种经济变动,不断"拓展经营",成为增长中的中国经济的火车头。

今天,从我粗浅的经验出发,以"超越经济变动,实现企业持续发展"为题,我讲了上面这些话。在座各位担负着"经济大国"中国的未来,希望我的话能对大家有所启示。我的讲演到此结束。

谢谢大家静听。

要 点

在经济变动的波涛之中,有的企业被这种波涛冲垮,有的企业乘风破浪,在经济变动中获得飞跃发展。那些越过了累累尸山的企业,直到今天依然繁荣兴旺,发展势头不减。

○

指导企业长盛不衰的"经营的要谛"绝不是什么复杂难懂的道理，最重要的是经营者的态度。这种态度就是所谓"慎重坚实的经营"，这极为单纯。

○

当然在激烈的市场竞争中，为了保护员工，为了企业的生存，经营者决不能示弱，要有坚韧好胜的性格和积极果断的行动。但是为了企业的长期繁荣，经营者无论如何都必须小心谨慎，要保持"如履薄冰、如临深渊"的心境。

○

立志要成为高收益企业，并不是因为我是野心家，也不是因为我有贪欲之心，而是出于我谨慎小心的性格，坚持"慎重坚实的经营"。在这种慎重经营的态度下，我平时又用心做到"销售最大化，费用最小化"，使京瓷成了日本有代表性的高收益企业。

○

高收益是一种"抵抗力"，使企业在萧条的形势中照样能站稳脚跟，也就是说，企业即使因萧条而减少了销售额,也不至于陷入亏损。同时,高收益又是一种"持久力",高收益企业有多年积累的丰厚的内部留存,即使萧条期很长,企业长期没有盈利,也依然承受得住。另外,高收益还是一种"飞跃力",因为萧条期购买设备比平时便宜许多,此时可以用多余的资金进行设备投资,使企业获得再次飞跃的能力。

○

在日常的经营中,采取慎重的经营态度,尽力打造高收益体质,这不仅是预防萧条最重要的策略,也是应对萧条的最佳处方。

○

经营者应该竭力排斥自以为是、动不动就"我呀我"的利己欲望,必须让为员工、为客户、为社会、为他人好这种关爱之心和利他之心占据自己的心灵。在这种美好的、善良的心灵之上,加上拼命努力,那么,"要把企业做大""要更好地拓展事业"这样的愿望不仅能够实现,而且能与员工、客户、交易对象、股东、企业所在社区等,即企业的一切利害关系者协调和谐,企业也就能持续繁荣、经久不衰。

○

让对方高兴，与人为善，这样的行为最终一定会带来成功。这是这个世界俨然存在的真理。为什么会产生这样的结果？因为利他的行为会让我们获得超越自己的伟大力量。让对方生存、帮助对方、为对方好，如能具备这种美好的关爱之心、利他之心，一种超越自己的伟大力量就会自然地添加进来。自己想"如能这样该多好啊"，但结果比你想象的更好。

○

在遭遇各种各样无法预测的经济变动时，经营者肩负着必须把好经营之舵，把企业引向正确道路的重大使命。我认为，这时候成为指南针的，就是站在企业经营第一线的经营者的哲学和思维方式。经营者不断提升自己的心性，用正确的哲学、正确的思维方式从事企业经营，就能够避免判断失误，将企业引上不断发展成长的光明大道。

把萧条视为再发展的飞跃台

在清华大学经济管理学院的讲演
——2009年6月9日

这次讲演是2009年6月9日在中国的清华大学经济管理学院进行的。有该学院研修MBA的企业经营者及听众约400人。

稻盛讲道，在由雷曼危机引发的世界性经济萧条中，需要把萧条当作成长机会的心态，同时，阐明了预防经济萧条的方法，并根据自己在石油危机时的切身经验，具体阐述了针对萧条的五项对策。

在萧条时如何执掌经营之舵

今天我讲演的题目是"萧条是再发展的飞跃台"。

世界经济自 2008 年 9 月美国金融危机爆发以来迅速恶化,而且已经殃及实体经济,出现了全球经济同时萧条的景况。本来预测经济已落入谷底,年内将开始复苏,但是继续下滑的风险依然存在,状况仍然不容乐观。

中国的情况也一样,从 2008 年起经济也迅速恶化。听说 2008 年 4 季度的经济增长率降到了 6.8%。同时在 3 月的全国人民代表大会上,温家宝总理一方面宣布"经济增长率目标为 8%";另一方面又指出"2009 年是中国经济最困难的一年",表达了对形势严峻的认识。这一次全球性经济萧条超越了国界,给各国的经济都带来了巨大的影响。

面临这样的经济萧条,我们企业经营者应该如何思考,应该怎样执掌经营之舵呢?今天我准备结合我平时的思考和以往的实践来讲一讲这个问题。

以积极开朗的态度面对难局

首先,有一点希望与大家取得共识,就是要以积极开朗的态度去突破困境。萧条越是严重,我们越是要咬紧牙关,坚韧不拔,下定决心无论如何也要闯过这道难关。决不悲观,必须以积极开朗的态度应对难局。

其次,重要的是要认识到"萧条是成长的机会",企业就是应该通过萧条这样一种逆境来谋取更大的发展。

实际上我经营的京瓷公司就是如此。京瓷今年迎来了创立50周年,而在这50年间京瓷没有出现过一次亏损,实现了企业顺利成长发展的目标。但是回顾这半个世纪的历史过程,我们曾遭遇过多次严重的经济萧条。

20世纪70年代的石油危机,80年代的日元升值危机,90年代的泡沫破裂危机,21世纪初的IT泡沫破裂危机,我们经历了各种各样的经济萧条。

每次面临萧条,作为经营者的我总是忧心忡忡,夜不成眠。但是,为克服萧条不懈努力,每一次闯过萧条期后,京瓷的规模都会扩大一圈甚至两圈。从这些经验当中,我坚信"应当把萧条视为成长的机会"这样一个结论。

高收益就是最佳预防策略

企业的发展如果用竹子的成长做比喻的话，克服萧条就好比造出一个像竹节那样的"节"来。经济繁荣时，企业只是一味地成长，没有"节"，成了单调脆弱的竹子。但是由于克服了各种各样的萧条，就形成了许多的"节"，这种"节"才是使企业再次成长的支撑，并使企业的结构变得强固而坚韧。

将萧条视作机会，重要的是在平日里打造企业高收益的经营体质，高收益正是预防萧条的最佳策略。

为什么呢？因为高收益是一种"抵抗力"，使企业在萧条的形势中照样能站稳脚跟，就是说企业即使因萧条而减少了销售额，也不至于陷入亏损。同时，高收益又是一种"持久力"，高收益的企业有多年积累的丰厚的内部留存，即使萧条期很长，企业长期没有盈利，也依然承受得住。另外，此时经营者可以下决心用多余的资金进行设备投资，因为萧条期购买设备比平时便宜许多。

像这样，在萧条到来之前，就应该尽全力打造高收益的企业体质，这才是经营。如果平时没能实现高收益，那么遭遇萧条时必须坚韧不拔，千方百计去克服萧条。但是，经营者本来应该思考的是萧条之前的准备工作。虽然萧条往往突如其来，但是作为应对萧条的预防策略，平日里有没有实现高收益经营，这是首先要提及的问题。

从这个意义上讲，我在公司内外总是强调"没有10%的营业利润率，就算不上真正的经营。"

萧条出现，首先是客户的订单减少，对制造业来讲就是没有活干，可卖的产品减少，由此销售额降低，比如本来卖100个的现在只能卖90个，利润当然会减少，但因为平时有10%的利润率，即使销售额下降10%，照样可以盈利。不！就是销售额下滑两成，企业仍然可以保证有一定的利润。只有当销售额下降30%、40%时，才可能出现赤字。因为利润率高意味着固定费低，销售额多少降一些，利润只是减少而已。如果企业的利润率达到20%、30%，即使销售额降去一半，企业仍可盈利。

也就是说，一个高收益的企业即使遭遇萧条，销售额大幅下降，仍然可以保持一定的利润。这意味着企业的基础非常稳固。

事实上，在京瓷50年历史中，我们虽经历过因萧条而销售额大幅下降的情况，但从来没有出现过一次亏损。

1973年10月第一次石油危机冲击全世界，受其影响，世界性的萧条波及京瓷，1974年1月，京瓷每月有27亿日元的订单，但到了同年7月，降至不足3亿日元，可以说是骤减。尽管如此，这一年京瓷依然没有亏损。因为京瓷具有独创性技术，能批量制造当时其他企业做不了的新型陶瓷产品，而且平时又贯彻"销售最大化，费用最小化"的经营原则，利润率超过了值得自豪的30%。

形成高收益的企业体质还可以对保证员工的就业做出贡献。

在石油危机引发大萧条的时候，连日本的大企业也纷纷停产，解雇员工，或让员工歇业待岗。此时京瓷在保证所有员工正常就业的同时，仍然确保产生利润。同时通过高收益获得的利润作为企业内部留存不断积累。即使因萧条而转为赤字，在相当长的时间内，不向银行借款，不解雇员工，企业照样挺得下去。

上面讲述了萧条发生之前的应对策略。但当萧条的风暴席卷而来的时候，领导人应该怎样来执掌经营之舵呢？下面依次讲述我思考的应对萧条的五项对策。

风暴中执掌经营之舵：应对萧条的五项对策

萧条对策一：全员营销

应对萧条的第一项对策就是全员营销。

萧条时期，全体员工都应成为推销员。员工平时有不同的岗位，平时都会有好的想法、创意、点子，这些东西在萧条时期不可放置不用，可以拿到客户那里，唤起他们的潜在需求，这件事全体员工都要做。

营销、制造、开发部门不必说，间接部门也要参与，全体员工团结一致，向客户提案，创造商机，直到拿到订单，向客户交货为止。这样做不仅让客户满意，而且当事人本人也能掌握整个商务流程。不是陪着销售人员跑客户、当助手，而是将自己平时好的想法、创意、点子结合到商品中向客户推销。萧条时期这件事应该让全体员工都主动思考。

刚才讲过京瓷遭遇石油危机大萧条时就是这么做的。

京瓷平时研究、开发、生产、销售都分工明确,但当石油危机使订单大幅下降时,我就提出建议"让我们实行全员营销吧",号召对营销完全没有经验的现场生产人员去卖产品,过去向人打招呼都会脸红,只会埋头现场工作的人也要去拜访客户,带着寒意又夹着汗水,努力向客户提出建议"有活吗?有什么可以让我们干的吗?我们什么都干",这样拼命争取客户的订单。

这样的做法产生了意想不到的成果,一般来说,生产和销售往往是一种对立的关系,比如,订单不多时生产会对销售发牢骚"销售卖得不好",销售反过来又怪生产"你们没有生产出能畅销的产品",互相之间会争吵起来。但是如果生产人员也去卖东西,他们就会明白营销不容易。由于生产人员有了销售的经验,也就理解了销售人员的辛苦,同时销售人员也会感谢生产人员,这样就会促进两者的和谐,有利于双方更好地配合,更好地展开商务活动。

通过全员营销,大家就会产生一种同感:即使是最尖端技术的企业,卖东西、销售产品仍然是企业经营的根本。

名牌商学院毕业、担任企业重要干部的人中间,有的人到客户那里推销产品却不懂得要低声下气。像小伙计一样，低头搓手道："能不能请您下一点订单呢？"必须低头恳求，这是商业活动的基础。

我常对员工讲，营销的基本态度就是要当"客户的仆人"，只要是为了客户，我们什么都干，完全像一个仆人。缺乏为客户尽心尽力的精神，想要在萧条期获得订单是不可能的。让缺乏这种经历的人当企业的干部，企业很难经营好。不管是搞生产的还是当会计的，任何部门的人，让他们都经历在别人面前低头讨订单的辛苦，这是非常重要的。正是在萧条期让全体员工都懂得要订单有多难，经营企业有多难，特别是营销部门以外的干部，让他们有切肤般的体验是很重要的。

萧条对策二：全力开发新产品

应对萧条的第二项对策就是全力开发新产品。

萧条时期全力开发新产品非常重要。平时因工作忙碌而无暇顾及的产品，没空充分听取客户意见的产品，都要积极开发，不仅是技术开发部门，营销、生产、市场调查等部门都要积极参与，全公司团结一致共同开发。

萧条时期客户也会有空闲，也在考虑有无新东西可卖。这时主动拜访客户，听听他们对新产品有什么好主意、好点子，对老产品有什么不满或希望，把他们的意见带回来，在开发新产品和开拓新市场中发挥作用。

现场许多技术开发人员平时就考虑过开发这样那样的新产品，希望有机会向某种新技术挑战，但总是因为太忙而不能着手研发。

比如做糕点的店家，很想使用新材料做些新式点心，但因为老产品一直畅销，平时做老式点心已忙得不可开交。但萧条期就是好机会，可以试做试卖了，萧条期有了空闲反倒可以进行新的尝试，能够发起新的挑战，这时候也应该进行这样的挑战。

同时，在萧条期把这些新想法拿到客户那里，因为萧条，客户也没事干，闲得发慌。在仔细听完你的意见后，他们也会提出新的创意。这些会催生意想不到的订单，从而可以扩展更大的业务领域。

实际上曾有过这样一件事。

京瓷创业后不久，曾经利用新型陶瓷的特性，生产出用于纺织机械的零件。在纺织机械上，因为纱线高速运动，同纱线接触的零件很容易磨损，用不锈钢做的零件也只能用一天就会因磨损而断裂。用硬度高、耐磨性好的陶瓷零件来代替这些地方，效果极好。

但到石油危机时，纺织机械一下子滞销，京瓷也断了订单。此时我们就实行全员营销、全力开发新产品这两项对策。

我们有一位营销员去拜访某家渔具制造企业，看见一种钓鱼的渔竿附有卷线装置，其中天蚕丝线滑动的接触部位使用金属导向圈。这位营销员注意到这一点，提出建议："我们公司具备新型陶瓷技术，纺织机械在与高速运动的纱线接触的部位，就用我公司利用这项技术生产的耐磨陶瓷零件。你们鱼竿上与天蚕丝线接触的金属导向圈改用陶瓷试试怎么样，一定非常适合。"

但是鱼竿上的导向圈并不像纺织机械因为纱线不停地高速运动而很快磨损，只是投竿时滑动一下。所以对方回答说："用陶瓷的价格高，没必要。"

但这位营业员不死心，为了引起对方的兴趣，继续耐心地动员说："用陶瓷零件不仅不磨损，而且可以降低与丝线之间的摩擦系数。"实际上钓鱼时先要挥舞鱼竿让鱼钩飞出去，如果摩擦系数大，丝线滑动阻力大，鱼钩就飞不远。还有一点，现在的金属圈在钓到大鱼时会因摩擦力大而使丝线"啪"的一声断掉。钓到大鱼时兴奋不已，但偏偏在此关键时刻线断了，多扫兴！为什么渔线会断，因为钓到大鱼时线上突然产生很大的张力，线与导向圈之间的压力大增，这么拉着，摩擦生热，就把天蚕丝的渔线熔化了，线瞬间断裂。

渔具企业的领导人听了这位营业员的话就同意试试。先用原来的金属圈，加上负荷用力拉，果然渔线发热断裂，然后换上陶瓷圈，一点问题没有，非常理想。

"就是它了！"渔具企业的领导人一锤定音。附带陶瓷导向圈的钓鱼竿在钓鱼比赛中大获全胜，渔具企业更加信服了。从此这家渔具企业决定立即采用陶瓷导向圈。

这一新产品对萧条期京瓷的订单和销售额的扩大做出了很大的贡献，而且效益继续扩大，现在凡是高级鱼竿，全都用上了陶瓷导向圈，普及到了全世界。陶瓷导向圈的价格并不高，但直到现在每个月仍要销售五百万个，对我们的经营持续做出了贡献。

这个例子说明在萧条期开发新产品，并不是手忙脚乱地去开发全新的东西，利用自己过去做过的东西去唤起新的需求是完全可能的。在自己公司的技术和产品的延长线上开发出新产品,这是在萧条期应该努力去做的。

萧条对策三:彻底削减成本

应对萧条的第三项对策就是彻底削减成本。

萧条时期竞争愈加激烈,眼看着订单数量和单价不断下降,这时仍要维持盈利,必须彻底削减成本,成本的下降程度要大于价格的下降才行。

但平时企业在削减成本方面已经做过很大努力,再要大幅削减成本,一般人都认为"太难了,不可能",但这不对!"从认为不可能时重新开始!"看似干的毛巾还要再用力拧,要努力彻底削减成本。

人工费不可能随便降低,因此除了提高每个人的工作效率外,一切都要重新审视,各方面的费用都必须彻底削减。

"现在的制造方法真的是最好的吗?有没有更便宜的材料?"对过去的做法从根本上进行重新研究改进,坚决进行全面性变革,这一点非常重要。不仅是制造设备等硬件,在组织的统合、废除等软件方面也要动手术,彻底地合理化,坚决削减成本。

萧条时竞争激烈,价格不断下降,在这种价格下仍要挤出利润,必须彻底降低成本。因为萧条不可能无限持续下去,如果能够打造出在接近极限的低价格下仍能做出利润的企业体质,等到经济复原、订单恢复时,利润率将会迅速增长。

要努力通过降低产品的成本来降低整个企业的盈亏平衡点。如能打造出即使销售额减半仍能做出利润的企业体质,当销售额恢复或者上升时,就会实现比过去更高的利润率。也就是说,在萧条期,企业在价格低、销售额低的情况下仍能产生利润,这种肌肉型的企业体质一旦形成,当经济复原、销售额恢复时,就会成为高收益企业。

萧条期正是增强企业体质的好机会。经济好的时候订单很多,为了完成这些订单就要全力以赴。即使想要削减成本,员工也不会认真实行,但到了萧条期,全体员工都会非常认真,努力降低成本。从这个意义上说,只有萧条才是企业彻底削减成本的唯一机会。

如果这样思考问题,那么当萧条降临,企业努力削减成本就不是迫不得已的、消极的对策,而是企业为了再次飞跃而采取的积极主动改进经营的对策。

相反，如果企业认为"因为是萧条，亏本也是没办法的事"，束手无策，不积极应对，那么即使经济复原，也只能取得很少的利润。这种企业的经营只会像走钢丝一样不断左右摇摆。

抓住萧条这个机会，花心血与员工共同努力，彻底削减成本："把走廊里的灯关掉""把厕所里的灯也关掉"，不断采取切实的措施。看起来似乎是小事，但是与员工一起一步一步、实实在在地削减经费，正是这种努力才是构建高收益企业最切实有效的方法。

萧条对策四：保持高生产率

应对萧条的第四项对策就是保持高生产率。

必须在萧条期仍然保持高生产率，这一点非常重要。

因萧条而订单减少，要干的活少了，如果仍然由过去同样多的人来生产，制造现场的生产效率会下降，车间里的工作气氛会松弛。

这种情况下，应该把多余的人从生产线上撤下来，维持制造现场的紧张气氛。过去花费许多辛苦好不容易提升上去的生产效率，在萧条期如何维持，我曾经绞尽脑汁。

石油危机时就发生过这样的事情。

前面已讲过，当时许多企业解雇员工，当时我考虑无论如何也不能让员工失业，但订单在短时间内骤减，如果仍由原有的人数来做，就无法维持过去的高生产效率。作业效率一旦下降，再想恢复原有的高生产率谈何容易。

基于这种想法，当时我决定既然订单降至1/3，那么制造现场的人员也减至1/3，剩下的2/3的人员从生产线上撤下来，让他们去从事生产设备的维修、墙壁的粉刷、花坛的整修等工厂环境的美化工作。同时举办哲学培训班，让员工重新从根本学习我的经营哲学，使企业内全体员工掌握共同的思维方式。

也就是说，在因萧条而减产时，也决不降低生产效率，不仅要维持高生产率，而且去做平时无暇顾及的环境整理工作，去开展统一组织方向的哲学学习活动，这将成为使企业再次飞跃的推动力。

当然2/3的人不生产又要把企业维持下去，前面提到的，企业必须有充足的内部留存。打造企业的高收益体质，确保足够的内部留存，才可能应对危机，这一点不可忘记。

萧条对策五：构建良好的人际关系

应对萧条的第五项对策就是构建良好的人际关系。

萧条是构建企业内部良好人际关系的绝好机会。

萧条来临，劳资关系往往出现不和谐的声音，景气时彼此都可以说些冠冕堂皇的话，一旦面临萧条的严峻状况，经营者要求严格时，很快光说漂亮话就不管用了。

比如，经营者刚提出要减少部分工资，平时被认为圆满的劳资关系立即变为紧张的对立关系。从这个意义上讲，萧条就是考验劳资关系的试金石。

在困难的局面之下，职场和企业的人际关系受到考验，同甘共苦的人际关系是否真的已经建立，职场的风气、企业的风气从正面受到考验。从这个意义上讲，萧条是调整和再建企业良好人际关系的绝好机会，经营者应趁此机会努力营造更优良的企业风气，这一点十分重要。

我一贯强调，经营企业最重要的事情就是经营者与员工的关系问题。经营者要爱护员工，员工要体谅经营者，互相帮助，互相扶持，必须建立这样的关系。不是资本家和劳动者的对立关系，而是劳资双方持有同样的观点，共同谋求企业的发展，应该形成这样的企业风气。

为此，我总是利用各种机会与员工谈话，努力使大家具备相同的思维方式，并举办酒话会，与员工促膝而坐，在互相干杯之余进行心对心的坦率交流，求得互相理解。我总是尽可能制造这种与员工交谈的机会。

因为平时做了这样的努力，一旦遭遇萧条，不能光说好听的话了，"要更多地干活，经费要一降再降，但工资不会加，奖金发不出，请忍耐"等，对员工而言有点苛刻的话到时非说不可。

有的经营者以为平时与员工已经打成一片，员工理解企业的经营，与自己同心协力，所以到萧条期就要求员工更加努力，要求员工做出自我牺牲。但想不到员工并不接受，出来抵制，企业内良好的人际关系完全没有形成，事实摆在面前，经营者不禁愕然。

萧条这种灾难到来时，本该齐心协力克服困难，但往往就在这时员工众叛亲离，导致公司分裂，甚至企业崩溃散伙，常有这样的事情发生。

企业里这种人心混乱的征兆稍有显现，经营者就应该认真地反省。与员工重新建立信赖关系该怎么做才好，要与员工坦率地交换意见，自己也要拼命思考这个问题，这一点很重要。

经济好的时候这些问题不会显现出来，但患难时才见人心。这时对企业内的人际关系不能一味地叹息，而是应该彻底地思考如何改善，如何吸取教训把今后的事情做好。

石油危机的经验

我想稍微说一说石油危机时京瓷的经验。

当时的日本处于经济的高速增长期，员工工资每年大幅上涨。但遭受石油危机的冲击后，我决定从社长开始一直到系长，所有管理人员全部降薪，我是社长，降30%，减得最少的系长降7%。

虽然实施了降薪，但第二年基薪上调的时间迫在眉睫。我在1974年年末向京瓷工会提出了冻结加薪的请求。因为工会理解京瓷公司的劳资是一心同体的，所以接受了我1975年冻结加薪的要求。当时日本许多企业因加薪问题产生不和谐的声音，劳动争议频繁发生。在这种情势下，京瓷却很快协调好了劳资关系，公开提出了冻结加薪的决定。

当时京瓷工会的上级团体批判京瓷工会的决定，并施加压力。但京瓷工会决不屈服，"我们劳资同心协力保护企业，从现在企业的环境来看，冻结加薪并不过分。如果你们不接受我们的决定，彼此分道扬镳吧"，京瓷工会毅然退出了上级团体。

我衷心感谢工会，不久随着经济恢复，企业业绩上升，我不仅将定期奖金大幅提高，而且支付了临时奖金。在这之上，1976年我再将1975年冻结的部分加算进去，支付了2年的22%加薪，以此来报答员工和工会对我的信任。

就这样，通过萧条的考验，劳资间牢固的信赖关系得到确认，同时，在这期间的1975年9月，京瓷的股价超过了长期雄居日本首位的索尼，达到了日本第一。

我认为这也是经营者与员工齐心协力共同经营所获得的成果。同时我坚信，正是靠这种心与心结成的牢固人际关系才有企业后来的发展,才有了今日的京瓷公司。

每次克服萧条都巩固了经营的基础

我们京瓷公司就因为认真实践了上面讲的一条预防策略和五项对策,不仅克服了多次的经济萧条,而且每一次突破萧条的困境都巩固并强化了企业的经营基础,使京瓷能够顺利成长发展直到今天。

正如开头所讲,这次世界性的经济萧条还没有明确见底。但是前景越是不透明,越是要回到经营的原理原则,就我刚才所讲的几条,一心不乱地努力实践,我想这应该是很重要的。

樱花在春天开,据说冬天越是严寒,春天越是樱花烂漫。企业也好,个人也好,都要把逆境作为动力,实现更大的飞跃。

我从自己粗浅的经验中讲述了应对萧条的策略,希望对在座的清华大学经济管理学院的各位企业家能够有所启示,同时也希望能够对发展中的中国经济进一步的发展做出微薄的贡献。这就是我的愿望。讲演到此结束。

要 点

要以积极开朗的态度去突破困境。萧条越是严重，我们越是要咬紧牙关，坚韧不拔，下定决心无论如何也要闯过这道难关。决不悲观，必须以积极开朗的态度应对难局。

○

"萧条是成长的机会"，企业就是应该通过萧条这样一种逆境来谋取更大的发展。

○

企业的发展如果用竹子的成长做比喻的话，克服萧条就好比造出一个像竹节那样的"节"来。经济繁荣时，企业只是一味地成长，没有"节"，成了单调脆弱的竹子。但是由于克服了各种各样的萧条，就形成了许多的"节"，这种"节"才是使企业再次成长的支撑，并使企业的结构变得强固而坚韧。

○

将萧条视作机会，重要的是在平日里打造企业高收益的经营体质，高收益正是预防萧条的最佳策略。

○

高收益是一种"抵抗力",使企业在萧条的形势中照样能站稳脚跟,就是说企业即使因萧条而减少了销售额,也不至于陷入亏损。同时,高收益又是一种"持久力",高收益的企业有多年积累的丰厚的内部留存,即使萧条期很长,企业长期没有盈利,也依然承受得住。另外,此时经营者可以下决心用多余的资金进行设备投资,因为萧条期购买设备比平时便宜许多。

○

萧条时期,全体员工都应成为推销员。员工平时有不同的岗位,平时都会有好的想法、创意、点子,这些东西在萧条时期不可放置不用,可以拿到客户那里,唤起他们的潜在需求,这件事全体员工都要做。

○

营销的基本态度就是要当"客户的仆人",只要是为了客户我们什么都干,完全像一个仆人。缺乏为客户尽心尽力的精神,想要在萧条期获得订单是不可能的。

○

正是在萧条期让全体员工都懂得要订单有多难,经营企业有多难，特别是营销部门以外的干部，让他们有切肤般的体验是很重要的。

○

萧条时期全力开发新产品非常重要。平时因工作忙碌而无暇顾及的产品，没空充分听取客户意见的产品，都要积极开发，不仅是技术开发部门，营销、生产、市场调查等部门都要积极参与，全公司团结一致共同开发。

○

萧条时期竞争愈加激烈，眼看着订单数量和单价不断下降，这时仍要维持盈利，必须彻底削减成本，成本的下降程度要大于价格的下降才行。

○

在萧条期，企业在价格低、销售额低的情况下仍能产生利润，这种肌肉型的企业体质一旦形成，当经济复原、销售额恢复时，就会成为高收益企业。

○

全体员工非常认真，努力降低成本。从这个意义上说，只有萧条才是企业彻底削减成本的唯一的机会。当萧条降临，企业努力削减成本就不是迫不得已的、消极的对策，而是企业为了再次飞跃而采取的积极主动改进经营的对策。

○

必须在萧条期仍然保持高生产率，这一点非常重要。因萧条而订单减少，要干的活少了，如果仍然由过去同样多的人来生产，制造现场的生产效率会下降，车间里的工作气氛会松弛。这种情况下，应该把多余的人从生产线上撤下来，维持制造现场的紧张气氛。

○

萧条是考验劳资关系的试金石。在困难的局面之下，职场和企业的人际关系受到考验，同甘共苦的人际关系是否真的已经建立，职场的风气、企业的风气从正面受到考验。从这个意义上讲，萧条是调整和再建企业良好人际关系的绝好机会，经营者应趁此机会努力营造更优良的企业风气，这一点十分重要。

○

经营企业最重要的事情就是经营者与员工的关系问

题。经营者要爱护员工，员工要体谅经营者，互相帮助，互相扶持，必须建立这样的关系。不是资本家和劳动者的对立关系，而是劳资双方持有同样的观点，共同谋求企业的发展，应该形成这样的企业风气。

珍惜灵感

在"论谈塾"上的讲话
——2008年5月29日

"京都经济俱乐部"是京都经济和文化等各界人士交换信息、交流思想的场所,在俱乐部定期举办的"论谈塾"上,稻盛以精密陶瓷、半导体封装和太阳能电池为例,阐述了灵感的重要性。

珍惜灵感就能带来人生的硕果和企业的发展

京瓷创业时，租借了位于京都市中京区西京原町的官木电机制作所的木结构仓库，当时只有28人，其中7人是在以前我就职的公司同我一起工作的伙伴，还有20人是当年刚刚初中毕业的学生。也就是说，初中文化的普通员工20人，包括我在内的干部8人，开始创建京瓷公司。这是一家小微企业，随时都有可能倒闭，而就是这个企业，到明年（2009年）将迎来创业50周年。

我想很多人会问：为什么那么弱小的企业会发展成为现在年销售额达到1.3万亿日元规模的公司呢？今天我想就这个话题来谈一谈，供大家参考。

我想在座各位都有自己的事业，但是，如果缺乏新的创造性工作，公司就难以发展，人生也难获得丰硕的成果。然而，在人生中别开生面，开拓出独创性的事业，谈何容易。因此，看到有人因创造而成功，就很羡慕，并且归结为"这个人的命运真好"，这是不对的。

在人生中积极认真，全身心投入眼前的工作，在忘我的、拼命努力的过程中会有一些突然冒出来的"念头"。"念头"这个概念幅度很宽,从轻微的念头到导致重大发明发现的念头。

如果"念头"这个词汇分量不够的话,或许用"灵感"这个词汇更好些。"这样的事情不妨尝试一下"这类灵感,我想无论哪位都有过吧,我们都有这种经验。

大多数人都会把这样的灵感轻轻放过。但实际上,珍惜灵感会给人生带来丰硕的成果,会给企业带来巨大的发展。

今天,在介绍我的具体经验的同时,我想讲一讲为什么京瓷能够从事创造性的工作。

进入公司后,因为不得已才开始研发精密陶瓷

首先讲京瓷头号产品 U 字形绝缘体的开发。

在第二次世界大战后的第十年即 1955 年,我从鹿儿岛大学毕业后来到京都。当时,从地方大学出来的人很难找到如意的工作单位。承蒙大学老师的介绍,我到老字号企业松风工业就职,这家企业在国铁神足车站前面有一家工厂,生产高压送电用的绝缘瓷瓶。

松风工业在第二次世界大战后连续十年亏损,在我入职时,已处在第一银行(后来的第一劝业银行,现在的瑞穗银行)的托管之下。我进公司第一个月就发不出工资,因为现金筹措出现问题,公司通知我们工资要拖延一个星期。

在大学里,我用功学习石油化学,属于有机化学,而高压输电用的绝缘瓷瓶属于无机化学的领域。我不喜欢无机化学,在大学里没怎么学,我却无奈进了一家陶瓷企业,工资又一再推迟发放,所以一进工厂,我就讨厌这份工作,讨厌得不得了,一心想着尽快辞职。但我无处可去,不得不在这里继续干下去。

刚好这时,从收音机进入到电视机的时代开始了。我被分配在研究科,上司指示我:"只是制造传统的陶瓷瓷瓶没有前途,为了适应电子工业的需求,高频绝缘性能优良的弱电用陶瓷前景看好,可以应对新的时代,你来研究这种新的绝缘材料。"也就是说,过去一直生产的瓷瓶用的材料,在高频领域内绝缘性能不好,所以要求我研究开发能够承受高频率的新的陶瓷材料。

但是,在大学时,我对这个领域缺乏兴趣。上司说要我研究,但如何着手研究,开始时我什么都不明白。

因为想跳槽也无处可去，没有办法，我才开始了这项研究。

传统的瓷瓶使用被叫作"长石"的矿物质，将它粉碎，把它的粉末与黏土混合，使用转动的陶轮成型。与此不同，高频绝缘用的新型陶瓷材料，是由金属氧化物的微粉末烧结而成。烧结温度比使用黏土的陶瓷器要高，这就是所谓新型精密陶瓷的领域。当时，美国、欧洲等地都在大力推进这方面的研究。

要将这种精密陶瓷材料做成产品，遇到最大的技术课题是：粉末的成型方法。精密陶瓷材料由铝、镁、硅等的金属氧化物组成，变成微粉末后就干巴巴的，十分松脆，施加压力也总是成不了型。一般的陶瓷只要加入黏土和水，加以混合就能黏结成型，但对于精密陶瓷的微粉末来说，这个方法也不顶用。

我之前的研究人员都使用传统的方法，加入一定比例的黏土，再加水混合，勉强让它成型。但是，我想找出一种方法，不加入含有杂质的黏土，把纯粹的金属氧化物烧结成型，然后测试其绝缘性能，探讨它在高频条件下保证绝缘的可能性。为了成型而加入黏土，就得不到理想的绝缘性能，无论如何也得想办法，让纯粹的金属氧化物烧结成型,然后再测试其物理性能。

做荞麦面的时候,如果不加入少量的小麦粉,也很难固定成型。用100%的荞麦粉做荞麦面很难。与此相同,在新的精密陶瓷的开发实验中,要加入可塑性强的黏土,过去一般都是这么做的。

但是,用这样的方法做不出好东西。不用黏土不用水,有什么办法能将金属氧化物固定成型呢?我进行了各种实验研究,都出不来好的结果。睡也想,醒也想,在亏损企业的实验室里,我每天每日都用乳钵将粉末混合,做各种实验,但无论怎么做都得不到所期望的形状。说是实验室,其实没有什么像样的设备,只有两个实验台,放个测定器而已。

从石蜡想到"炒饭方式"

某天,夜深了,尽管做实验已经很疲倦,但我心里还在想,有没有不加杂质而可以成型的方法呢?这时候,不经意之间,我的脚被实验台旁的某个东西绊了一下,"把东西乱搁在这种地方,太不像话了",我正想把它一脚踢开时,发现鞋子上沾上了一种黏滑滑的东西,把它拿起来一看,原来是提炼石油时产生的一块石蜡。它在常温时呈固态,加热就会熔化,性质像蜡烛。这块石蜡是比我早进实验室五年的前辈做别的实验时使用的,掉在地上没有收拾,绊到了我。这时,我突然就来了灵感:"这东西有戏,将它和干巴巴无法成型的微粉末混合的话,说不定……"我脑子里闪过这样的念头。

怎么混合呢?我想到了"炒饭方式"。将石蜡放进锅里加热,它就会熔化成水一样的液体,然后再加入金属氧化物的微粉末,像炒饭一样将它们混合。也就是说,在无法定型的微粉末的表面涂上一层石蜡的薄膜,微粉末或许就能固定成型。当时我就是这么想的。

想试验却没有锅。当时公司里有铁匠铺,负责修理机械等设备。我从那里要了一块薄铁板,自己用铁锤将它敲打成中华铁锅的模样,将表面磨光亮。第二天一早,我就将锅搁在炉子上,将石蜡熔化,再加入微粉末。

于是,微粉末的表面就附着了一层石蜡的薄膜,再将它放进圆筒形的模子里,用冲压机加压,原本松脆的粉末固定成型了，非常理想，接着就拿去烧结。

形成薄膜的石蜡的量过多的话，随着温度升高就会熔化，导致成型物瓦解。如果膜的厚度适当，石蜡就会分解挥发，成型物就能保持形状烧结成功。经过反复实验，我搞清楚了最佳石蜡添加量。认为纯粹的金属氧化物无法成型的常识被颠覆了，用这样的方法，成型问题解决了。

再进一步，将粉末加入模具时，估算大体的容积，然后决定粉末的充填量。使用像斗一样的容器，盛满刮平，将粉末装进模具加压成型，成型品自动推出，我想要是有这种自动化的机器就好了。但公司很穷，买不起这种装置，于是我们自己动手，制作了手动装置，开始了批量生产。

我使用的这项压制成型方法被称为"干压法"。这一方法后来成了世界潮流，电子工业中精密陶瓷的制造都采用干压法。这一方法在传统的陶瓷世界里是没有的。这个方法并不是别人教的，是我自己创造的。

人们一直认为，对于要求高精度的工业用材料来说，陶瓷是不适用的。如果要制造高精度的陶瓷产品，在烧制后必须用金刚砂研磨，那么成本就会大幅上升。

在没有先进设备的情况下，我们不断提高成型和烧结技术，做出了精度达到 ±0.1 毫米，甚至 ±0.01 毫米的产品。经过这么一番艰苦的努力，精密陶瓷终于在电子领域获得了应用。

假如，客人提出要 10 000 个普通形状的 7~8 毫米的方形陶瓷零件，一条边的误差是 ±0.1 毫米。在当时的条件下，批量生产如此高精度的产品是不可能的。如果客户一定要做，那一个开价就要 100 日元。然而，客人却只能接受一个几日元的价格。±0.1 毫米精度的陶瓷零件，要用几日元的成本做出来，如用金刚砂研磨的话，成本根本打不住，这就必须具备精密的成型技术和精密的烧结技术，而这一技术开发的灵感就来自"炒饭方式"。正因为发明了"炒饭方式"，才解决了 U 字形绝缘零件的批量生产问题。

就这样，在开发出卓越的高频绝缘陶瓷材料（精密陶瓷）的同时，用这一材料制成的产品（U 字形绝缘体）的批量生产也获得了成功。由此，业界的评价是："日本能做精密陶瓷的，只有松风工业的稻盛。"当时，以松下电子工业公司为代表，日本的大型电器厂家都向我们下了订单。

相信能力无限,持续付出不亚于任何人的努力

之所以能够开发出这样的材料和产品,或许大家会认为,这是天才,是头脑特别聪明。这是不对的。无论如何必须开发成功,思考再思考,当我持续怀抱这一强烈愿望的时候,偶然踩上了石蜡,那是前辈研究员不小心掉落在实验室地上的,我由此产生灵感,再把这一灵感变成了现实。如此而已。

无论在人生中还是在工作中,这样的灵感必然会出现,可是,我们往往不把它当回事。我们常常轻视它:"怎么,这不过是你心血来潮吧!"但这种灵感非常重要,正是这种灵感才是创造的原点。

不过,仅靠灵感还不能实现创造。灵感出来以后,必须做出不同寻常的努力。也就是说,珍惜这个灵感,千方百计让灵感成形,需要付出相应的努力。灵感再加上拼命努力,才能带来真正的创造。

看到别人成功了,"那个人成功地开发了独创性的技术,太了不起了",自己赞叹不已。至于自己呢,肯定做不到。这种想法是错误的。最初,无论是谁,都是从念头和灵感开始的。这里需要做的是:通过坚韧不拔

珍惜灵感

的努力,把念头和灵感变成有形的东西。

为什么大家做不到这一点呢?"无论如何必须让灵感成形",像傻瓜一样执着,持续地、拼命地努力。缺乏这种精神,梦想就无法成真。当时的我只能在那家破公司上班,无处可逃,被迫无奈,无论如何必须找到一条出路,为此我拼命努力。一般来说,大家都有某种余裕,而有了余裕,即使想把灵感变为现实,但一旦遭遇困难就会想"果然,这事很棘手,不好办",于是就退缩了,所以也就不能成功。

我就像傻瓜一样相信:"自己具有无限的能力。头脑好坏没关系,神灵本来就赋予了每个人无限的能力。"因为我坚信这一点,所以我认为,只要努力到位,事情总能成功。如果自己不相信自己的可能性,认为再努力也是徒劳,那就不可能坚持不懈地努力。我相信人的能力是无限的,所以才会持续努力到梦想实现为止。我认为,这一思想才是促使新的精密陶瓷材料开发成功、批量生产获得成功的源头。

在人生中,每个人都有念头和灵感,换句话说,这是神灵赐予我们的启示。神灵总会给我们这样那样的启示,但大多数人不但忽视这样的启示,而且会说"怎么啦，怎么会有这样的傻念头"，因而不屑一顾，轻轻放过。神灵是平等的，在人生中，神灵会给每个人许多启示和灵感，轻视忽视神灵的好意，因而碌碌无为度过人生的人非常之多。

京瓷进军海外和硅谷的兴起

下面讲半导体封装的开发。

虽然我们成功开发了前面谈到的陶瓷新材料，但是在当时的日本，愿意使用的客户却不多。当我们去拜访当时日本著名的电器厂家比如东芝、日立、索尼等的研究室，拿着样品问他们"能不能考虑采用我们的产品"，他们都不理不睬。无奈之下，我就同上西阿沙先生（后来京瓷的副社长）商量，决定去美国找市场推销产品。上西是我在松风工业时期的前辈，他英语说得非常好。

东芝、日立、索尼等日本的电器厂家都从通用电气、威斯汀豪斯等美国响当当的大企业引进技术。我们应该去美国，如果我们能够说服美国的这些企业使用京瓷的产品，那么日本的电器厂家一定也会使用我们的产品。

珍惜灵感

当时我是这么想的:"不管我们如何费尽口舌去推销,日本的这些大企业还是无动于衷。这些企业的研究室里尽是名牌大学毕业的技术员,我这个从地方大学出来的人去拜访,给他们做说明:'我们做出了这样的新东西,你们能采用吗?'他们总是不理不睬。既然如此,我们就去美国,想办法让美国企业用上我们的产品,那些美国企业是他们心中的上帝。"

经历千辛万苦之后,我们在海外的销售终于获得了成功。日本企业从美国企业引进技术用于生产产品的时候,美国企业会发给他们产品生产的规格书,规格书上标明使用什么原材料,以及制造方法等。

如果京瓷获得美国企业的认可,那么,当日本厂家说"想制造这样的真空管"时,同他们进行技术合作的美国企业就会告诉他们"要使用京瓷的产品",并在规格书中注明了产品代码,这下就没有了商量余地,日本厂家只好使用京瓷的产品了。

而在这之前,上西可谓吃尽了苦头。当时,在加利福尼亚州中部旧金山港的南边,有一个名叫圣何塞的街镇,在斯坦福大学校园附近,后来成了硅谷的中心。上西和他夫人一起转移到那里,租了一套房子当京瓷的事务所，非常努力。

在硅谷的一角有一家仙童半导体公司，它从1957年开始就生产硅晶体管。当时，收音机上一般都使用锗半导体，但因为硅的性能更好，所以它开始批量生产硅晶体管。仙童半导体公司为了解决硅晶体管的绝缘问题，需要大量的晶体管基盘，这个基盘的核心零件是陶瓷串珠。当时，仙童公司给我们下的订单有几千万个，京瓷大批生产交货。

不久后，得克萨斯州达拉斯的德州仪器公司（TI）为了发展晶体管技术，提出了一个新的概念，就是把晶体管和二极管放在同一个基板上形成集成电路（integrated circuit，IC），这是杰克·基尔比博士想出来的。就是把5~6个晶体管和5~6个二极管组成一个电路，这就是大规模集成电路（LSI）的雏形。现在的超LSI就是在一张小小的芯片上载有几百万个晶体管，完全是另一个数量级了，但当时只有几个晶体管和几个二极管。

这个IC就是在硅的芯片上形成电路，这个概念一经诞生，由德州仪器公司首创的这个事业一下子就传播开来，硅谷的企业开始制造IC，这时候，在仙童公司从事硅晶体管制造的技术员纷纷独立，办起了风险型企业。这样才开始有了现在的硅谷。这些独立创业的人中间有一个人名叫罗伯特·诺伊斯。大家使用的电脑中，我想大多装有英特尔的中央处理装置（CPU），这个英特尔就是罗伯特·诺伊斯从仙童公司辞职后创办的公司。

1968年诺伊斯从仙童离职并创办英特尔的时候，来京都访问过我。他说："我想创建英特尔公司，但制造新的IC少不了稻盛先生做的陶瓷封装，希望你能供应。"也就是说，当时京瓷受到了仙童公司以及从仙童公司独立出来的硅谷各企业的广泛信赖。

从"口香糖"灵感产生的新概念

上西先生在拜访这些美国客人的时候，对方的技术员提出如下诉求："为了发挥新的IC的功能，现有的靠压制成型的、形状简单的陶瓷零件已经不能满足要求。"

"硅对于环境变化的适应力很差，必须将它与外部的空气隔绝，不受温度和湿度快速变化的影响。而且外来的电信号输入以后，经过两层电路再输出信号，希望你们做出这样的东西。就是要把多层电路密封在陶瓷的烧制品中，这样的封装形状是扁平的，又要像蜈蚣一样伸出许多金属的脚。请你们开发出这样的封装产品。"

听到客户的要求，我们就开始试制。因为多层封装是一个全新的概念，所以最初的想法是："这样的东西做不出来吧。"但想到客户的话："如果你们能够做出这样的产品，我们制造 IC 的企业会下巨大的订单。"而且我们听说美国的陶瓷厂家也在试作产品，试图将两片陶瓷薄板重叠在一起，但进展不顺利。

但此时，我却来了一个灵感，"做一个像口香糖那样的东西试试怎么样"。

过去制造的陶瓷产品，都是采用将松脆的陶瓷粉末加压固定的方法。这次做一个有黏性的类似口香糖的东西会怎样呢，而且必须在高温烧结的陶瓷中有电路通过，所以应该采用耐高温的金属钨的粉末来制造。我这么思考。

正好京都有一家叫西阵的染坊，拥有丝网印刷技术，这项印刷技术可以派用场。先做出口香糖那样柔韧的陶瓷薄片，再用丝网印刷法将糊状的钨粉印刷在薄片上，印刷出的花形就是电路的形状。然后一层层累积后烧制。

金属钨虽然只在非常高的温度下才会熔化，但如果放在普通的炉子里烧制的话就会氧化。在印刷钨粉电路时没有问题，但陶瓷的烧制必须在钨粉不会氧化的条件下进行，为此，要向炉内灌入氢气。只有在含有氢气这种还原性气体的炉中烧制，用钨粉做成的电路才不会氧化，才能作为导体留在多层烧结后的陶瓷薄片之中。

然而，在1300～1400度高温的炉中注入纯氢气的话，有可能发生大爆炸，又要不让氧气混入，于是就想办法用氢气和氮气按一定比率做成混合气体，以避免发生爆炸。这样烧制时钨粉就不会氧化。因为开发出了这种烧制技术，才使多层封装的概念变成了现实。

"大胆的灵感"促成京瓷大飞跃

这项技术开发成功，成了京瓷飞跃发展的契机。当时硅谷的半导体厂家蜂拥来到京瓷，要求京瓷为他们生产陶瓷封装。各个厂家要求的形状不同，"请为我们制造这种形状的这样的产品"，他们都来访问京瓷，一时门庭若市。特别是英特尔公司，在诺伊斯领导期间一直使用京瓷的陶瓷封装。

在 IC 发展繁盛的时期，京瓷持续提供这种陶瓷封装，几乎处于独占垄断的状态，当时美国的半导体企业毫无例外，全都依赖京瓷。当然，有关国防用的产品也要用京瓷的封装，以致美国的国防部对美国的半导体企业提出如下严重警告：

"虽然 IC 本身由美国公司设计制造，但是包装它的容器全要依靠京瓷。万一京瓷不再提供，美国的半导体厂家将会全军覆灭。仅仅依靠京瓷一家，在安全保障上是危险的。美国也应该创办能与京瓷对抗的竞争企业。"

为了培养美国的陶瓷厂家，美国国防部和半导体厂家都下了很大的功夫，但结果并没有出现能够与京瓷对抗的竞争企业。

过了不久，诺依斯先生又向我提出了一个问题：

"硅谷的半导体企业的经营者汇聚一起时，讨论这样的话题：'如果京瓷也出手做半导体，将会出现什么局面？'我们半导体企业前进的方向全部向京瓷公开了，如果京瓷也来做半导体，那问题就严重了。对于这一点，你有什么打算？"

珍惜灵感

对此,我是这么回答的:"不,我没有出手做半导体的想法。既然各位很高兴地使用我制造的封装,我就不会有成为客户的竞争对手的打算。归根到底,作为你们的外发工厂,作为材料供应商,我们只会在陶瓷封装的供应上做好做彻底。请你们放心使用京瓷的封装产品。"

我们信守诺言,至今没有染指半导体。如果当时我们出手做半导体,恐怕我们已经成为在半导体行业占有很大份额的厂家了。但是,因为是与客户为敌,可能适得其反,也许会发生难以预料的后果。

卓越的半导体封装之所以能够开发成功,说到其根源,就是当客户示意说"这样的东西能不能做"时,突然产生的灵感,并以这一灵感为契机,反复试验试错,"这样做行不行,那样做应该能行",结果才有开发的成功。

最初,我以为这样的灵感只靠我们自己根本无法实现。当时,我们连多层封装的概念都没有,所以当时全世界都没有人相信这个东西真的能做出来。客人提出此梦幻般的要求,触动了我的灵感,"无论如何也要把它做出来",拼命努力的结果就是多层封装的开发成功。

回顾当初,这确实是一个大胆的灵感。当认定"这么做行"时,我就在鹿儿岛县的川内地区建立了大规模的批量生产工厂，虽然当时经历了许多辛苦，但川内工厂作为多层封装的生产据点，发展顺利，这才迎来了京瓷今日的兴旺。

京瓷现在已经成长为销售额 1.3 万亿日元的企业。京瓷的发展都是依靠这种精神——付出不亚于任何人的努力，努力把灵感变成现实，不断展开，持续前进。

"这才是本命"：多晶硅太阳能电池的开发

最后讲一讲太阳能电池的开发。

现在京瓷正在生产太阳能电池，但着手开发是 30 多年前的事情。因为有第一次石油危机的教训，开发能够替代石油的新能源成为话题。当时人们认为，作为替代能源，应该利用天然的清洁能源，所以全世界都开始研究太阳光发电。当时太阳光发电已经存在，但因为成本太高，所以在一般的商业上无法使用。为了解决这个问题，世界上有很多企业都开始了研究开发。

京瓷也同松下、夏普等合作，建立了京瓷具有主导权的合资公司，进入了硅结晶太阳能电池的研究开发。

珍惜灵感

当时我们使用的技术叫 EFG 法，就是将通红的熔融的硅溶液成丝带状提曳卷取。在这之前，一般都是从硅熔液中块状提取，然后切成薄片形状。这样做成本就很高。当时我就想到一开始就从熔融的硅中提取片状的硅结晶物，根据这一创意，与松下和夏普协商，共同成立了合资企业。

但是，开发工作进展很不顺利，为此，松下和夏普都要求退出这个开发项目。因为这是京瓷握有主导权的公司，不应给合作者添加麻烦。因此，京瓷买下了其他公司所持有的全部股份，单肩独挑，继续研发。

此后，虽然持续赤字但我们坚持研究，最终将硅结晶以丝带形状提取成功。我们还制造了几台卷取硅结晶的自动化机器，排列在滋贺工厂里，开始了小规模生产。但是因为光电变换效率低，成品率也低，虽然辛苦却没有效益。

恰好当时有一家德国的硅生产厂家来访问京瓷的滋贺工厂。他们说："你们是使用硅的丝带状结晶制造太阳能电池，而我们是制造多结晶铸块。"

多结晶是将各种结晶混在一起，虽然变换效率更差，但生产效率高、成本低。"用这种方法可以低价制造，京瓷是不是也可以试试。"他们对我们公司的技术人员提出了建议。

接受这项建议后，工厂的年轻研究员认真做试验，发现多结晶也能做出具备优良性能的东西，于是跑到我这里来报告："社长，我们原来以为多结晶做不出有用的东西，但经过试验，做出的东西性能良好。"

太阳能发电的原理是，将太阳光照射在硅上，筛选吸收光能的电子，从而提取电力。具有许多结晶的多晶硅也有电流发生，但在结晶的界粒上电流被切断，得不到良好的发电效果，所以大家认为多结晶无法使用。但我们公司的年轻研究员经过各种试验，做出了具备良好性能的东西。"做了什么样的试验？"我刨根问底，追究原因。

研究员为了减少结晶表面的反射，使用等离子体CVD装置（加电压分解瓦斯，在结晶表面堆积形成薄膜的装置）来形成防止反射的薄膜，为此进行了各种实验，这时偶然发现，电流很容易就通过了界粒，因此，性能就变得良好。他们这么解释。于是我就叫他们"再做一次实验"。实验出现了相同的结果。"就是它了！"这时候我来了灵感。

在滋贺工厂，排列着一排花费高额投资制造的丝带状结晶提取机，准备投入批量生产。但灵感告诉我："就是它了，干多结晶吧，这才是本命。"丝带状结晶提取机全部报废，成了一堆废铁。

但是，我们没有制造多晶硅的技术，我们就去德国买了一台多晶硅铸造炉，开始在企业内制造多晶硅铸块，并由此进入了太阳能电池的批量生产。

2000年时，薄膜太阳能电池已成为主流，那个时代没人相信多晶硅可以使用。在这种情况下，下决心干多晶硅需要极大的勇气。但从这以后，这项技术被使用在全世界的多晶硅太阳能电池上，多晶硅变成了主流。太阳能电池的潮流转向了廉价的多晶硅，市场大幅扩展。

可以说，这一转换的契机就是从京瓷批量生产多晶硅开始的。这么说一点也不过分。

神的启示平等赐予每一个人

所有这些技术开发最初都不过是小小的灵感，忽然来的念头。这是神灵让我们意识到的，所以或许能够称为神的启示。

今天讲的都是有关技术开发的事情，但是，我们如果想要度过一个幸福的人生，神灵也会给予我们走上幸福道路的启示，然而，绝大多数人都会忽视这样的启示，不肯进行认真的思考。

决定人生的关键，就是能否把这种意识、念头、灵感变为现实。珍惜这种意识、念头、灵感，为实现它而拼命努力，就没有不可能的事。

只要努力，人就有无限的能力。没有能力是因为不努力。为了努力，首先得相信自己具备无限的能力，这一点很重要。如果相信了，就能够持续不断地努力，直到把灵感变为现实。

从这个意义上说，我从很早以前就一直向年轻人强调："一定要心怀渗透到潜意识的强烈而持久的愿望。"心怀强烈的愿望，朝着愿望实现的方向持续不断地努力。持有让潜意识都能工作的强烈愿望不懈努力的话，就能开拓自己人生的光明大道。我经常讲这个话。

为什么京瓷会发展壮大，成为现在这样规模的企业？今天我介绍了几个有代表性的有关技术开发的事例，借以说明灵感的重要性。当然发展的要因不仅仅是灵感，还有其他方面的成长理由，但今天所讲的灵感是一个基础，促成了京瓷的发展。

不仅仅是技术开发，开拓人生也一样，神灵平等地赐予所有人"灵感"。尽管如此，没有意识到这种灵感，或者意识到了却没有重视，轻轻放过，没有把它变成自己的东西。我认为，绝大多数人都是这样的。

我希望大家务必通过努力让灵感成形，这就是创造，就是独创性。

要 点

无论在人生中还是在工作中，"灵感"这个东西必然会出现，可是，我们往往不把它当回事。我们常常轻视它："怎么，这不过是你心血来潮吧！"但这种灵感非常重要，正是这种灵感才是创造的原点。

○

仅靠灵感还不能实现创造。灵感出来以后，必须做出不同寻常的努力。也就是说，珍惜这个灵感，千方百计让灵感成形，需要付出相应的努力。灵感再加上拼命努力，这才能带来真正的创造。

○

我就像傻瓜一样相信："自己具有无限的能力。头脑好坏没关系，神灵本来就赋予了每个人无限的能力。"因为我坚信这一点，所以我认为，只要努力到位，事情总能成功。如果自己不相信自己的可能性，认为再努力也是徒劳，那就不可能坚持不懈地努力。我相信人的能力是无限的，所以才会持续努力到梦想实现为止。我认为，这一思想才是促使新的精密陶瓷材料开发成功、批量生产获得成功的源头。

○

在人生中，每个人都有念头和灵感，换句话说，这是神灵赐予我们的启示。神灵总会给我们这样那样的启示，但大多数人不但忽视这样的启示，而且会说"怎么啦，怎么会有这样的傻念头"，因而不屑一顾，轻轻放过。神灵是平等的，在人生中，神灵会给每个人许多启示和灵感，轻视忽视神灵的好意，因而碌碌无为度过人生的人非常之多。

○

神灵会给予我们走上幸福道路的启示，然而绝大多数人都会忽视这样的启示,不肯进行认真的思考。决定人生的关键,就是能否把这种意识、念头、灵感变为现实。珍惜这种意识、念头、灵感,为实现它而拼命努力,就没有不可能的事。

○

首先得相信自己具备无限的能力,这一点很重要。如果相信了,就能够持续不断地努力,直到把灵感变为现实。我从很早以前就一直强调:"一定要心怀渗透到潜意识的强烈而持久的愿望。"心怀强烈的愿望,朝着愿望实现的方向持续不断地努力。持有让潜意识都能工作的强烈愿望不懈努力的话,就能开拓自己人生的光明大道。

企业经营中的"命运"和"因果报应的法则"

在盛和塾关西地区联合塾长例会上的讲话
—— 2001年12月3日

年终之际,塾生都在思考自己公司新一年的经营方针。为了让塾生参考,稻盛引用其著作《心法:稻盛和夫的哲学》中的第12章"关于命运和因果报应的法则"和第16章"关于情和理",做了讲演。

稻盛介绍了在《心法:稻盛和夫的哲学》一书中所举的实例,这是出于京瓷集团的经营经验。稻盛强调:这本书的内容不是毫无根据,而是真实不虚的事实,希望大家正确理解。

"命运"和"因果报应的法则":从《心法:稻盛和夫的哲学》谈起

今天是今年最后一次塾长例会,我想从出版不久的《心法:稻盛和夫的哲学》(PHP研究所出版发行)中抽出两段进行讲解。

首先我想讲一讲"因果报应的法则"。一直以来,我以"人生是什么"为题,跟大家讲述了"命运"和"因果报应的法则"。所谓"因果报应的法则",就是想好事、做好事,为他人尽力的话,结果不仅是帮助了别人,而且好事一定会返回到自己身上,就是这样的一种法则。

在《心法:稻盛和夫的哲学》一书中有"关于命运和因果报应的法则"这一章,我想读一段然后加以解释。

我认为,构成我们人生的要素有两个。

第一,是我们与生俱来的"命运"。比如有一位划时代的优秀学者,他通过遗传从父母那里继承了优质的脑细胞,所以他头脑聪明清晰,但光凭这一点,他还成不了优秀的学者。身体健康、不患重病、钻研学问的环境、邂逅恩师和后援者,等等,需要附加各种条件,他

企业经营中的"命运"和"因果报应的法则"

才能将天赋的才能十二分地发扬光大,从而开花结果。换句话说,能否获得一流学者的地位,除了自己的意愿和遗传因子之外,还有超越这两项因素的"某种东西"的存在,它属于"命运"的范畴。

以东方政治哲学·人物学权威著称的安冈正笃先生说过:"《易经》是包含宇宙真理的学问。"在中国自古以来就把《易经》作为大自然的根本原理来学习研究。西方人则深入探讨占星术,也积累了庞大的文献。东、西两方的文献都是人们强烈愿望的产物,人们理解"命运"的重大分量,千方百计想要探知"命运"的奥秘。

第二,除了"命运"之外,还有一个构成我们人生的重大要素,那就是"善根结善果,恶根生恶果"的"因果报应的法则"。"心中所想会如实呈现"这一观点,一有机会我就会讲述。也就是说,思考以及基于思考的行动会成为原因,从而产生相应的结果。它被称为"因果报应的法则",与"命运"法则并行,滔滔地在我们的人生中流淌。

换言之,造就我们人生的要素有两个,一个是某个人与生俱来的"命运",另一个是这个人的思想、行为所产生的结果。再换一种表达,"命运"和"因果报应的法则"宛如DNA的双螺旋糅合在一起,构成了人生。

在这里重要的是："因果报应的法则"或多或少要强于"命运"。因此，我们可以运用"因果报应的法则"改变与生俱来的"命运"。也就是说，想好事、做好事就能促使"命运"向好的方向流转。

这个结论不是我随意杜撰的，安冈正笃先生的著作《命运和立命》写道："命运不是宿命，它可以改变，所以'因果报应的法则'就很重要。"为此，他介绍了中国古籍《阴骘录》中袁了凡这个人物的故事，大意如下。

袁了凡本名袁学海，出生于医生世家，父亲早亡，由母亲一手养大，母亲希望儿子继承家业学习医术。有一天，家中来了一位留着胡须的老人，老人说："我在云南专门研究《易经》，因受天命来向袁学海少年传授《易经》的真髓。母亲或许要这个孩子当医生，但他会通过科举考试，成为出色的官员。在县里第一次考试中获第几名，第二次、第三次考试名列第几，在科举大考前他就会当官，很年轻就会被任命为地方长官。会结婚但不会有孩子，享年53岁。这就是这个孩子的命运"。

学海少年果然放弃了学医，走上了当官的道路，不可思议的是，他每次在科举考试中的名次一如老人所言，包括后来当上地方长官，都和老人的预言一模一样。

企业经营中的"命运"和"因果报应的法则"

此后,袁了凡在南京的国立大学堂游学时,去栖霞寺拜访了有名的云谷禅师,两人一起坐禅三日。

"你这么年轻,打坐时却毫无杂念,非常了不起。我从没见过坐禅功夫如此出色的年轻人,你到底曾在何处修行过呀?"

云谷禅师很是佩服。袁了凡在回答时却提到了小时候遇到胡须老人的事:"我至今为止的人生完全如老人所言,不差一分一毫。如今也没有小孩,大概53岁就会死去,一切都是命中注定,所以我已经没有任何烦恼。"听毕了凡的话,云谷禅师一声喝破:"本以为你是位开了悟的大男子,想不到你竟是一个大笨蛋!"

接着,禅师说道:"那位老人虽然说出了你的命运,但命运是可以改变的。"禅师解释了做好事就会产生好的结果,做坏事就会产生坏的结果的"因果报应的法则"。

"思善行善吧!那样做你的人生一定会时来运转。"

听禅师一番话,袁了凡如梦初醒:"原来是自己错了,今后一定照禅师所言,思善行善。"他下决心天天记功过簿,做一件好事加一分,做一件坏事减一分,努力日日行善。结果袁了凡活到了73岁。

同时,据说不可能有的儿子也出生了。袁了凡告诉他的孩子:"在遇到云谷禅师之前,我的人生顺着命运前行。但是，从那以后我改变了想法，尽力做好事，结果不可能出生的你出生了。我本来53岁就该死去，现在过了70岁还如此健康。儿子啊，原来人生是可以改变的，只要不断做好事就行了。"

一方面，人的"命运"是既定的，它不因我们的愿望而改变。但另一方面，与"命运"并行的"因果报应的法则"却不然，运用这个法则甚至可以改变既定的"命运"，这可以称为"立命"。如果是这样，我们就能够改变"命运"，我想我们应该更有效地使用"因果报应的法则"。

但是，在现代社会，"命运"和"因果报应的法则"两者共同构成人生，这么单纯明了的事情却没人相信。为什么呢？一是因为对"命运"和"因果报应的法则"存在着偏见。超越人智的"命运"用科学无法解释，因此，多少有点学问的知识分子，特别是所谓精英，往往把"命运"看成迷信。二是"因果报应的法则"在民间通俗的说法是"做坏事会遭报应"，这好像是在蒙骗小孩，是没有文化的人吓唬小孩的方便用语。

更重要的理由在于，要证明"命运"和"因果报应的法则"正确与否，本来就很困难。"命运"到底是怎么回事，我们无从知晓。做好事就会有好的结果，也很难用明确的形式表现出来。为什么呢？

企业经营中的"命运"和"因果报应的法则"

前面已谈到，人生是由"命运"和"因果报应的法则"两个要素共同构成的，原因就在这里。

例如，在"命运"特别坏的时期，即使做了一点点好事，也不足以让事态好转；相反，在"命运"非常好的时期，即使干了若干坏事，因为有好运挡着，坏的结果一时还出不来。因此，"干了那种坏事的家伙怎么还能过那么幸福的生活"，有人就想不通。

听说还有这样的事：某人请一位"灵能者"为自己的朋友算命，听到这么一段话："这位朋友今年撞上了大厄运，本来会生一场大病，却平安无事，此人一定是近年来做了了不起的大好事。如果不是这样，在运势如此恶劣的时期，身体也好，事业也好，不可能那么顺当。"

"命运"和"因果报应的法则"犹如 DNA 的双螺旋结构，复杂地交叉在一起，不像"1+1=2"那么一目了然。

正因为有点复杂，所以，人生由"命运"和"因果报应的法则"两个要素构成，而"因果报应的法则"可以战胜"命运"从而改变人生，对于这样的道理，很多人不愿意相信。

但是，"因果报应的法则"俨然存在。让我们回到"关于宇宙"那一章，回顾一下宇宙从起源开始的流程吧！

宇宙起源于一小撮超高温超高压的基本粒子的团

块，它在约 150 亿年前发生爆炸，基本粒子互相结合成质子、中子和介子，在外面环绕一个电子构成氢原子，氢原子经核聚变产生氦原子。这样反复聚合形成了现在宇宙中存在的各种元素，它们再进一步结合成分子和高分子，终于产生了生命体，以至发展到我们人类这个阶段。

150 亿年间，最初的基本粒子原封不动保持原状应该也不足为奇；发展到原子阶段就停止不变，也并不见怪。然而，宇宙接二连三不断发展，以至创造了人类。

当我们具备善的意识时，正好与宇宙中充满的"所有生命，祈愿你们好自为之"这一善的意识不谋而合。这种美好的个人意识与宇宙的意识波长吻合，此时，一切都会顺畅，事业成功，不断发展。相反，如果逆宇宙意识而动，结果必然失败。

如果这么思考的话，企业没落和衰亡的原因也可以得到解释。比如，企业为什么破产？就是因为企业在顺利发展时"没做过什么好事""没做过为社会为世人奉献的事""企业发展以后，不再认真努力了"等。也就是说，没落和衰亡是违反了宇宙的意识而得到的报应，如此而已。

近年来，一些过去曾受到高度评价的企业倒闭了，倒闭前企业的惨状被暴露出来，那些曾经名扬天下、受人尊敬的著名经营者，随之在顷刻间威望扫地，坠入痛苦的深渊。其中,既有经过三四十年的时间才从发展转入衰退的企业,也有最近迅速蹿红,仅仅经过几年高速成长又瞬间坠落的"风险型企业"。无论哪种企业,都是在功成名遂之后就轻易地分崩离析了。

凡是经营者,都祈愿"无论如何都要避免"企业破产的事态发生。然而,为什么事与愿违,为什么成功不能持续呢?固然有"命运"的因素在起作用,但我认为,主要还是"因果报应的法则"产生的结果。

据说在20世纪初的伦敦,常有一些知识精英聚会,与已经死去的人进行灵魂交流,经常有自称为西尔弗·帕奇的印第安灵魂出现,谈论各种各样的事情。他的话还被汇编成书。我偶然读到了这本书,其中有一节引起了我的注意。针对长期以来我抱有疑问又无法证明的"因果报应的法则",西尔弗·帕奇有下面一段论述:

"大家都不相信'因果报应的法则'吧!因为做好事就有好的结果、做坏事就有坏的结果不能及时而鲜明地呈现,所以大家都不相信。确实,在短时间内,这样对应的结果往往显现不出来,但是从10年、20年、30年这样的长时段看,因果一定会对应。善有善报、恶有恶报,丝毫不差。"因果报应的法则"正确无疑!"

现在我们做的事情、想的事情，在几年或几十年后的结果还不能确定，但结果一定会出现。现在我们所产生的结果成为原因，将来一定会作为现象呈现。到那时再惊慌、再悲伤，悔之晚矣。我希望大家务必把这一条铭记在心，天天思善行善。

实例一：三田工业的重建

做好事就有好的结果，做坏事就有坏的结果。想好事就有好的事情发生，想坏事就有坏的事情出现。比起"命运"，这样的"因果报应的法则"具有更大的力量。在这一章中我阐述了这个观点，我刚才也读了，最后我归结为一句话："要天天思善行善。"

其实，就在几天前，我们召开了京瓷集团内部的国际经营会议（全世界京瓷集团的经营领导人汇集一堂，每年举办两次的大规模例会）。在这个会议上，一位事业本部长流着眼泪讲了一段话，内容正好与"命运"和"因果报应的法则"有关，所以我想给大家也说一说。

企业经营要求合理性，要求科学的思维方式。因此，我们在实际的工作中很难相信什么"因果报应的法则"。但是，我下面要介绍的事例却是真实不虚的。

我想大家在报纸上都看到了，三田工业这家生产复印机的企业在1998年破产了，适用"会社更生法"（破产重建法）。后来，京瓷出手援助三田工业，现在改名为京瓷三田（京瓷美达）公司，正在推进重建工作。京瓷美达负债超过400亿日元，重建计划打算花10年时间偿还债务。但是一个多月前的报纸上报道，429亿日元的债务中，159亿日元已经归还，还剩下约270亿日元，这270亿日元准备在明年3月底以前一次性归还给债权人，从而结束重建计划。按照原来的计划，这剩下的270亿日元可以逐年偿还，一直还到2009年为止。但计划提前实现，重建任务提前完成。京瓷美达可以作为一个正常的企业重新启程。

这位京瓷美达的社长，也就是我们公司的事业部部长，在国际经营会议上恳恳而谈。为了救助破产的三田工业，京瓷将他作为管财人派遣到三田工业。所谓管财人有两种，一种是担任律师的法律管财人，一种是担任经营者的事业管财人。派他去是作为事业管财人，致力于重建三田工业。重建计划正式出台后，他出任京瓷美达的社长，负责推进重建工作。

出席国际经营会议的，有许多是从海外赶来的外国干部。在当晚的恳亲宴会一开头，在众多干部面前，他饱含感情的一番话深深地打动了我。

在20世纪70年代中期，东京有一家名叫沙巴耐特工业的公司，是由从富士通公司出来的人创建的一家新兴的风险型企业。它正好生逢其时，当时美国掀起了无线通话机的热潮。被称为"市民无线"的无线通信开始了爆发性的普及。特别是在高速行驶的大型卡车的司机之间，像今天的手机一样可以互相通话，因而形成了一个风潮。日本的通信机器厂家不约而同地捕捉到了这个商机，把通话机商品化，一齐向美国出口。

新兴的沙巴耐特工业公司依靠出口通话机眼看着一步步壮大起来，最繁盛时一个月的销售额就超过100亿日元，从遥远的北海道开始，到福岛县、三重县，一口气建起了三家工厂，可谓是大跃进。然而，依靠单品生产迅速膨胀的企业，经营中隐藏着巨大的风险。

美国的这股热潮短短几年就宣告结束。由于通话机规格的变更，以及对日本出口的限制，销售突然停止。至今夜以继日拼命生产还供不应求，美国客户雪片般的订单，如箭般紧急催货，连空运也赶不及，这么好的生意却亮起红灯,订单骤降,销售额马上降至1/3。有三家工厂和2000多名员工的沙巴耐特工业一下子就陷入了困境。

企业已经难以为继,它的社长来向京瓷,也就是向我求救。京瓷的一位常务董事在以前工作的公司里与沙巴耐特工业的社长友纳春树是同事,他把这件事摆到了我面前:"沙巴耐特即将破产,友纳社长非常痛苦,希望能够出手相助。"

当时的详情已记不清了,当时我与友纳社长见了面,了解了有关情况。沙巴耐特工业借了很多钱,用尽各种方法避免去申请"会社更生法"(破产重建法)。经过再三思考,我决定出手援助,1979年将沙巴耐特工业包括全体员工在内,一齐归入京瓷集团。沙巴耐特工业的所有人,包括经营者和员工,都因为京瓷,不,因为稻盛社长答应出手相救而喜出望外。

但是,事业重建谈何容易,主要产品通话机已经卖不动,能卖的产品又没有,非常艰难。总得有新产品,于是开始做音响机器。同名门企业"先锋"和"建伍"一样,做电唱机、功放、音箱等,这一套就叫音响机器。产品向以纽约为中心的美国市场推销。但因为没有传统经验，只是仓促上阵的速成产品，仅仅依靠若干的通信电路、音响电路方面的知识，就开始生产，所以诸事不顺。我现在依然记得，为了推销音响产品，我屡次奔赴纽约，与居住在繁华街区的商人进行艰苦的谈判。

在沙巴耐特工业的经营状况处于谷底的艰难时期，属于新左翼系的过激工会组织诞生了。当时这个工会在公司内部大肆活动，工会成员甚至占领了在川崎的工厂。50～60名激进的工会成员占据租借的工厂，开展激烈的斗争。当时，我对此毫不知情，已经把沙巴耐特工业的全体员工收编到了京瓷。友纳社长与新左翼系的工会之间过去曾有许多矛盾纠纷。因此我作为中间人帮助协调，希望解决问题。我对工会的人说："过去的劳资问题都已经解决了，你们已经成了京瓷的员工，从今天起让我们一起努力工作吧！"他们嘴上讲"明白了"，但是他们都是热衷于搞工会运动的人，原本就没有好好工作的意愿。果然，不久后他们搞起了怠工。

我同他们认真对话，再三忍耐。但是他们接二连三提出不合理的要求，给企业出难题，因为太过分、太离谱，我只能拒绝。

因为我完全不理睬他们那一套，他们恼怒之下，从

企业经营中的"命运"和"因果报应的法则"

川崎开出一队宣传车,到我的住宅周围张贴传单。

"缺德经营者稻盛和夫""京瓷剥削我们工人。京瓷是靠吸我们的血长大的企业""决不容忍残酷压榨我们的经营者"。

这样的大标语贴满了附近的电线杆。我早起一看,从我家的围墙到门口也用油漆胡乱地涂抹着这些词句。正好是孩子上学的时候,对孩子的教育会起到不良影响,给周边的邻居造成了困惑,也有碍街道美观。因此,我每天早起,提着水桶把电线杆上的标语撕掉,把涂在墙上的字刷净。

不仅如此,他们还拿着扩音器在工厂附近叫喊"缺德经营者稻盛和夫",再加上他们杜撰的莫须有的罪名,沿街叫骂。不仅在工厂附近,他们还跑到京都的闹市区,在河原町大街、乌丸大街、御池大街等地,加足分量,大肆宣扬:"京都市民们,你们知道吗?京瓷是一家恶劣的公司,京瓷的社长是一个缺德的经营者。"

长达数年的时间,我忍耐再忍耐。对接受援助的友纳社长,我没有吐露一句怨言,只是一味地忍耐,拼命努力。七八年后这帮家伙才辞职离开,公司才回归正常轨道。大约 10 年前,日本的杂志和报纸上刊登的对京瓷的负面报道,最早的原因就是沙巴耐特工业工会的过激行为。它损害了京瓷的形象,带来了难以挽回的影响。尽管如此,我们只顾忍耐,不懈奋斗,这才有了今天的成功。

受京瓷派遣去重建三田工业,后来又成为京瓷美达社长的人,就是当年沙巴耐特工业的工场长。这次他流着眼泪说了下面一段话:

"22年前,稻盛名誉会长出手救助沙巴耐特工业。当时获得救助的我,这次奉命去救助三田工业。三田工业的重建非常顺利,重建计划提前7年完成,到明年3月重建结束后,将作为普通企业正常运行。企业效益良好,三田工业的员工重新燃起希望,兴高采烈。而且意料之外让我当了社长。员工以我为中心团结一致,为企业今后再度腾飞努力奋斗。想到这种机缘的巧合,让我觉得真是不可思议。

"22年前,作为被拯救一方的人获救的我,这次转到了救人的一方。有机会救助三田工业的员工,感觉到员工的喜悦之情,我深切地感悟到一种命运的轮回。想当初,稻盛名誉会长历尽辛酸。今天能够以重建三田工业的形式回报京瓷和名誉会长的恩情,我感到无比的高兴。"

我出手救助沙巴耐特工业是干好事，却因此遭受攻击，受到很大的损害。但是，我不发牢骚，不吐怨言，把重建沙巴耐特工业这一善举坚持到底。作为结果之一，原沙巴耐特工业的工场长一转成为重建三田工业的急先锋。

如今，京瓷美达正要合并京瓷的打印机事业。到明年3月，京瓷美达的年度决算销售额将达1200亿日元，加上京瓷打印机事业的500亿日元，将成为合计收益为1700亿日元的优秀企业。背负高额债务而破产的三田工业起死回生，心怀不安的三田工业的员工变得积极开朗，重新燃起希望，"真的太好了"，他们欢欣喜悦。京瓷救助沙巴耐特工业这一善举促成了一个年销售额1200亿日元的收益良好的京瓷美达加盟京瓷集团。一个美好的结果返了回来。

刚才我读了一段《心法：稻盛和夫的哲学》中的话。也就是说，从10年、20年，不，30年的长时段看，做好事就会有好的结果。万一好的结果没有出来，那么，把那个世界也包括进来合算的话，"因果报应"就会一丝不差，那是必然的。就是刚才讲的，22年前，京瓷救助沙巴耐特工业时得救的人，现在成了救人的一方，重建了京瓷美达这一杰出的企业,向京瓷返回恩情,非常了不起。

俗话说"有情有义帮别人,帮人也帮己"。说这话时就有人反驳:"唱这些义理人情的高调无法经营企业。追求合理性,运用战略战术,善于精打细算才是企业经营。"当然,经营企业需要这个方面,但是比这更重要的,成为经营基础的是人心。正是有了美好的心灵,企业经营才能顺利展开。

实例二:救助照相机企业雅西卡

再举一个例子。1983年京瓷救助了雅西卡公司,那是京瓷救助沙巴耐特工业4年以后的事情。当时,雅西卡濒临破产,远藤良三社长托人介绍找到京瓷,希望京瓷出手相救。

那时,照相机已经是一个成熟的产业。雅西卡过去也曾经是名门企业,但当时已排在相机行业的末尾。所以,虽说伸出援手,但过程非常辛苦,照相机事业难见起色,当时利用德国卡尔蔡司公司的镜片,以"康太斯"这一高级商标的相机为核心展开事业,期待做出利润,但结果还是赤字,这种情况反复出现。而且那种高级照相机不可能大批量生产,所以免不了出现富余人员。

在收购雅西卡两年后的1985年,我开始创建第二电电公司,进入通信行业。随着第二电电事业的扩展,北起北海道,南至九州、冲绳,日本各地需要建立分店,配置营业人员。因为要在全国范围内配置人员,所以需要大量人才。想从京瓷调派人员,但京瓷属于生产厂家,偏重于制造部门,很难找到适合销售的人才。在这种情况下,我就起用雅西卡出身的人才,通过第二电电向全国输送。过去从事相机销售、制造、品质管理的人,作为第二电电的员工被分派到全国各地。

曾在面临破产的企业中,遭人白眼、承受屈辱的人被提拔为新的通信事业的分店长和分店干部,他们生气勃勃,干劲十足。获得京瓷救助以后,又能参与通信事业这一21世纪的朝阳产业,而且提升到干部待遇,他们都喜出望外,一见到我就说:"有幸从事这么了不起的工作,我们太幸福了。"但是就我而言,我开展第二电电这项事业,需要在全国开设许多分店,展开大范围的营业活动,需要众多人才。所以,我认为反而是他们帮了我的忙。

"有情有义帮别人，帮人也帮己。"救助雅西卡时，我们也吃了不少苦头。但是来自雅西卡的人在第二电电的事业展开之际成为生力军，反过来帮助了我，促成了第二电电的成功。

实例三：顺利并购 AVX 公司

"有情有义帮别人，帮人也帮己"，这句话在并购美国 AVX 公司中也体现得淋漓尽致。AVX 公司是位于美国东海岸南卡罗莱纳州的企业，大约 10 年前由京瓷收购。

这一期 AVX 的经营非常辛苦。前一期（2001 年 3 月期）的决算换算成日元，销售额达 2800 亿日元，利润为 900 亿日元，税前利润超过 30%，是一个很了不起的业绩，对京瓷做出了很大贡献。AVX 公司生产陶瓷电容和钽电容等电子零件，在世界各地都有分公司，在京瓷的电子零部件事业中也占据很大的比重。在 10 年前收购时它的销售额是 400 亿日元，现在已经成长为 2800 亿日元的公司。

AVX 原来的社长马歇尔·巴特勒先生同我有很深的缘分。京瓷创业三年后的 1962 年，我初次去美国，因为花费公司许多金钱来到美国,所以无论如何也必须打开美国市场,虽然语言不通,但我拼命努力。当时我考虑要参观美国同行业的企业,就去访问了位于新泽西州的 French Town 公司。当时该公司的工场长就是这位巴特勒先生。当时我刚 30 岁,是初次参观工厂,我想巴特勒先生大概也不会记得当时的情形吧。

此后过去了近 30 年,我认识到 AVX 与京瓷一起合作,成为世界性的综合电子零部件生产厂家,稳定地向全世界供应零部件,是一件重要的事。为此,我直接去拜见了已经成为 AVX 社长的巴特勒先生,而且我直截了当地对巴特勒先生说:"考虑到今后电子工业的发展,我们志同道合的公司齐心协力,向全世界稳定供应电子零部件,我认为是一件非常重要的事情。"

巴特勒先生赞同我的提案,双方决定京瓷通过股份交换的方式收购 AVX。我在后面会讲到,在这个过程中发生了许多事情,但结果是 AVX 顺利地成了京瓷集团的成员。

收购以后,我访问了位于南卡罗莱纳州的默特尔比奇的 AVX 公司总部,一踏进工厂就受到非常热烈的欢迎。我所到之处,都挂着用英语和日语书写的横幅:"欢迎您！稻盛先生!!"大家都很高兴地迎接我。

位于东海岸南部的南卡罗莱纳州据说是整个美国最保守的地区。另外，由于第二次世界大战残留的影响，那里的居民对日本缺乏好感。这时候，在美国并无知名度的京瓷公司的日本人经营者突然出现在他们面前，还有，AVX公司可是当地出名的、在纽约证券交易所上市的企业，这次却被京瓷收购了，这在保守的东海岸人眼里，绝不是值得高兴的事，员工们对此抱有抵触情绪也不足为怪。然而，他们却是由衷地、热情地欢迎我，这让我非常开心。

此后AVX与京瓷持续保持良好关系，事业进展顺畅。若问这一合作事业为什么发展顺利，有两个理由。

这件事可追溯到20年前，是京瓷收购沙巴耐特公司时。当时美国有一家名叫爱亚罗勃克斯的电子零部件企业，当时这家企业开始生产层积陶瓷电容，这一产品前景广阔。同时，由我领导的京瓷公司使用氧气铝开发出了用于半导体的陶瓷封装，氧化铝过去只作为绝缘材料使用。在开发陶瓷封装的过程中我们确立了层积陶瓷技术。我考虑，从我们这一经验出发，将来的陶瓷电容可以从爱亚罗勃克斯的层积钛酸钡这种材料朝层积陶瓷电容的方向转化。于是，我赶去与爱亚罗勃克斯公司的社长见面，并求出要求："敝公司正在生产层积氧化铝的 IC 封装，我们也想生产贵公司用钛酸钡制造的电容器，希望贵公司提供这方面的技术专利。"

谈判成功，京瓷和爱亚罗勃克斯就用层积技术制造陶瓷电容缔结了专利转让合同，并开始生产。当时京瓷派了十几个人去爱亚罗勃克斯工厂实习。

几年后，爱亚罗勃克斯公司一分为二，其中之一就是 AVX 公司，巴特勒先生出任社长。

巴特勒先生就任 AVX 社长时，了解到京瓷从其前身爱亚罗勃克斯公司引进陶瓷电容的技术，获得了在日本垄断该产品的生产和销售的权利。根据转让合同，京瓷使用 AVX 的技术生产的电子零部件，在日本只能由京瓷独家生产销售，而原本开发了这项技术的 AVX 公司在日本既不能生产也不能销售，而且合同规定京瓷有权在世界范围内销售。

得知这一情况的巴特勒社长写了一封抗议信送到我手边，信中说："原本就是我们开发的技术，但在日本的生产销售却由京瓷一家独占，我们反而不能生产销售，而且京瓷可以销售到世界任何地区。或许这是我们的前任社长提供的条件，但这不是不公平吗？"

这项专利转让合同规定的条件确实对京瓷有利，但京瓷为此支付了相应的技术转让费用，所以转让合同在法律上没有任何问题。虽说新社长不知事情的原委，但是在大环境没有变化的情况下，单方面提出要求变更原先的合同条件，这显然是不合适的。

然而，我在读这封信时，却感觉到巴特勒先生的要求有他的道理。确实，当时我出面交涉，确定了对京瓷有利的条件。巴特勒先生的说法我不是不明白，京瓷取得了这项专利技术，获得了在日本单独生产和销售的权利，而且可以销往全世界，而原本持有该项技术的AVX公司却无权在日本生产和销售。对照"作为人，何谓正确"进行思考，如同巴特勒先生所说，该合同是有点不公平。因为京瓷为这种不公平的合同支付了高额的转让费用，所以法律上没有什么问题。但是我认为"巴特勒先生的说法有一面之理，应予理解"，于是我同意变更合同内容。

日本的电子工业非常发达，日本是一个魅力巨大的市场，巴特勒先生也是这么考虑的吧。AVX公司很快在静冈县的富士山山麓建起工厂，开始生产，同时面向京瓷的客户、日本的电子工业企业开始了销售。

就这一件事,据说巴特勒先生就认为我是一位品格纯洁的汉子。在他的干部面前他夸奖说:"京瓷的稻盛明明知道自己要蒙受损失,还是真诚地承认了合同的不公平性,是一位纯洁又干脆的人。"

同时,在AVX公司内部,对京瓷的印象也确立起来了:京瓷是一个公平正直的公司,即使是我方不尽合理的要求也能体谅和接受。

正因为如此,当我提出并购话题时,AVX一方才会愉快地响应:"让那么了不起的、公正正直的稻盛和京瓷收购不是坏事,他们绝不会亏待我们。"并购事项进展非常顺利。

接下来,刚进入并购阶段又发生了一件事。

并购采用京瓷和AVX互相交换股份的方式。当时AVX的股票在纽约证券交易所以20美元的价格出售。我一开始就提出将它提高五成以30美元的价格收购。过去AVX的股票从来没有达到过30美元,因此巴特勒先生也说"30美元的话,股东会很高兴,会赞成吧",他本人表示接受。但后来,他们又提出要再提高AVX

股票价格的要求。在认真研究巴特勒先生提出的新要求对今后企业的经营有多大的影响后，我确信，即使是提高后的价格仍然可行，于是我接受了他们的要求。这样，收购AVX公司就非常顺利。

据说南卡罗莱纳州是美国最为保守的地区，这里的一家企业竟然由不久前的1945年被美国打败的日本这个国家的企业来收购，而且在AVX这个有历史的企业里，有的干部是曾经进驻日本的军人，还有曾在冲绳战役、硫磺岛战役中与日军战斗过的美军士兵。这样的企业为日本企业收购，成为它的一部分，难免有一种屈辱感。但是，收购提供的优惠条件满足了对方的要求，还有以前技术转让时京瓷的高姿态，使AVX的经营者也好，股东也好都对并购乐观其成，并对我表示热烈欢迎。这真是一段美满的"婚姻"。

此后，虽然也发生过若干的问题，但大的纠纷一起也没有过。今年（2001年）3月AVX的决算销售额为2800亿日元，利润高达900亿日元，成为一个杰出的公司，对京瓷做出了很大的贡献。

AVX要求变更技术转让合同，我接受了这个对自己不利的要求，加上在收购时我又接受了对对方有利的条件，这样的善行让AVX公司信任我们、信赖我们，彼此建起了心心相印的关系，由此带来了丰硕的成果。"有情有义帮别人，帮人也帮己"，这件事证明，过去种下的善因，经过10年、20年又返了回来，结出善果。我想这是一个很好的例子。

我经常给大家讲"善有善报"，在《心法：稻盛和夫的哲学》一书中也这么写了，但没有举出具体的例子来做说明。但是刚才所讲的事情是现实中发生的事实。就在两三天前，京瓷美达的社长流着眼泪说："22年前受到救助的我们，这次转到了救助别人的一方，这样的轮回让我们能够有机会向京瓷、向稻盛名誉会长报恩，实在太好了，我感到非常高兴。"听他这么说，我再次深切地感觉到"做好事必有好报"乃是毋庸置疑的事实。

关于"情"和"理"：从《心法：稻盛和夫的哲学》谈起

下面讲第二个话题，在《心法：稻盛和夫的哲学》中有"关于情和理"这一章。我想围绕这个题目来说一说。在这一章里我是怎么说的,我先给大家读一下。

如果问我,在我心目中最受尊敬的人、最理想的人物是谁,那么在我脑海里首先浮现出来的,就是刚刚说到的西乡隆盛。

明治新政府诞生以后,西乡移居东京,虽然领着高薪,却住在市井普通的民居中,穿着粗劣的棉布衣服,家中只雇了一名女仆。是不讲究身份派头呢?还是不追求个人欲望呢?兼而有之吧,我认为他是一个无私的人。

"幕府可恶!""封建割据制度太落后!"一批年轻的志士拼着性命创建了明治新政府。但是在新政府身居要职的达官贵人却纷纷建豪宅,穿华服,身边有多名美妾侍奉,极尽荣华富贵。这些有功之臣堕落了。

眼见一起革命的同志腐化堕落,身处新政府核心位置的西乡痛心疾首。"明治维新的目的,不是让自己飞黄腾达!"西乡发出了正义的呼声。同时他内心又充满矛盾和烦恼:"自己做的这一切,为之奋斗的事业真的是对的吗?""让一部分人夺取了天下,享受豪华的生活,自己是不是被人利用了?"他们那样做可不对啊!西乡洁身自好,坚持自己的信念,坚持淡泊的生活习惯。

结果西乡与山县有朋、伊藤博文、大久保利通等人意见不合，以所谓"征韩论"为契机，被迫下野。有私欲的人会执着于自己的名誉地位，西乡没有私欲，他干净利落，即刻回归家乡鹿儿岛。同西乡一起在新政府就职的年轻志士也跟着辞去官职回到家乡。充满正义感的年轻人对新政府心怀不满，为了不让他们情绪失控，同时为了培养有作为的人才，西乡开办了私人学校。

这时候有一位萨摩出身的警官潜入鹿儿岛，遭逮捕审讯后，他坦认"此行的目的是刺杀西乡"。这个案件究竟是不是事实，直到今天还没有定论。但这件事引起了西乡所办学校的学生们的公愤，他们袭击了鹿儿岛的政府弹药库，夺取了武器弹药。明治政府得知以后，认为这是武装叛乱，于是派兵镇压。

当时的西乡正在大隅半岛狩猎，听到消息后飞速赶回鹿儿岛，本来他企图阻止年轻人鲁莽行事，但行动上颇为消极，其理由至今还是一个谜。我想，一个原因是他对新政府已不抱好感；另一个原因与西乡的个性有关，西乡是一个特别情深义重的人。

如此了不起的一位铮铮铁汉，居然为情所困，直面那么重大的事件，不是用理智而是用感情做出决断，不免遭人诟病。但正如前面提过的，从西乡与月照和尚携手一起投水自尽这件事来看，我感觉到，西乡将"情"

置于"理"之上,并非不可思议。

在我的印象里,实际上,在西南战争中,西乡的态度是消极的——"我也跟着他们干吧!"他只是被动地跟着那些愤怒的年轻人。以桐野利秋为首的青年军官冲在前面,西乡一次也没有出面指挥。在幕府末期到明治维新的历次战役中,充满智慧、擅长制定战略战术、指挥若定的这么个人物,这一次居然不做准备,不出任何主意,自始至终无所作为,只是默默地跟随着年轻人而已。

许多因仰慕西乡的英名而从九州各县赶来的援军,那些对明治政府不满、义愤填膺的旧武士,纷纷支持这次暴动,却遭到了西乡的拒绝。由此看来,西乡并没有想要打胜这一仗的意图。这究竟是为什么?至今众说纷纭,莫衷一是。但据我想象,西乡的行为源于他的深情超越了理性。

关于这个"情"的重要性,我还在读旧式初中一年级时,就接受过强烈而深刻的教育,直到今天仍在我心中留下了烙印。

例如,什么样的人品质最恶劣,当时担任"修身"课的老师这么教育我们:"一个小偷见某家没人进去行窃,原来以为有机可乘,想偷点东西,此时恰巧主人回来了。一见有人回家,本该逃之夭夭,他却挥起厨房里的菜刀,从小偷一下子变成强盗,这种人最为可恶卑劣。"

当时,老师还提过一个问题,我至今记忆犹新。"有亲友因一时冲动杀了人,跑到你这里:'我刚才杀了人,你救救我吧!'慌慌张张跑来求救,这时候你该怎么办?"

因为已是初一的学生,大家觉得自己已明白事理,所以一致回答:"应该对朋友晓之以理,劝他主动自首。"但老师认为这种态度不对:"既然是亲友来求你,你即使犯窝藏罪也应该庇护他,这才叫亲友!"

这种观点在当今时代或许已经行不通,但当时的老师把这种做人的义和情作为道德教给学生。我以为,老师教的正是西乡隆盛的行事准则。

西乡充溢着义和情,他是我心目中偶像式的人物。但是现在,如果有人想只靠感情来打动我,我不会接受。从这个意义上讲,我或许有点冷酷。这是因为在京瓷创业后不久,我就意识到:"虽然西乡式的情义在我心中占据中心地位,但是,经营事业必须具备大久保利通的理性和冷峻。"

我最初就职于松风工业,在二十五六岁的时候,我就立志要成为一个人格完美的"完人"。但实际上,当我自己开创事业的时候,我才明白,所谓理想的"完人"，必须把由情感驱动的西乡与由理性驱动的大久保结合起来才能成功，所以我就开始向大久保学习。

当我回家乡鹿儿岛，说起"我们需要大久保的理性和冷静"时，人们往往皱眉，不予认同。但我认为："稻盛和夫要成为将大久保利通和西乡隆盛两者融合在一起的人。"我就是这么一路走到今天。

开展事业的时候如果依感情判断、凭感情行动，势必乱套，以致不可收拾；如果依感情判断，再凭理性采取行动，仍会走错方向；那么依理性判断、凭理性行动又会怎样呢？结果是谁也不愿追随。

我认为，在事情的开始阶段，必须用理性思考，在实际执行阶段再融入情感因素，这才是恰当的做法。

但这么做，我自己并没有特别地留意，后来经常会听到部下这么讲："那个时候，稻盛社长突然出现，讲了这么一番情深意切的话，这才救了我。因此，社长虽然严厉，我还是愿意追随他。"因为我已经完全没有印象，听部下这么讲，我甚至想"我讲过这样的话吗"，大概那都是我无意间说出的话吧。我想，仅仅用心机，仅仅用理性，哪怕是夸奖对方，他也不会感动；而不经意间为对方着想，说了动感情的话，对方才会欣然接受，心悦诚服。

只重感情的人，在私人交往时或许很愉快，但如果一起共事，难免会常常吵架。

例如，有位好友来求助，说是"资金周转一时困难，请你帮帮忙"。因为他为人不错，我就充当了他的贷款担保人。这时候周围的人都夸我够仗义，讲友情，乐于助人。但是，某种情况下，评价却会一落千丈。比如，此人的公司因借款太多破产了，作为担保人，我自己也因此背上了沉重的债务，跟着倒了霉，周围的人马上会转口说我傻，没人再夸我乐于助人了。

还有，他来借钱时，你出于同情借给他了，他会说"你真是个好人"，但此后他又来借，如果你拒绝他"这次不借了"，此人因为上次借到了因而感谢你，而这次没借到，他就会忌恨你。这就是人，就是人之常情。而且，因忌恨造成的感情上的裂痕，其伤害更大。

我认为，与其后来拒绝，不如一开始就断然拒绝，还是应该遵守先理性后情感的顺序，不可颠倒。

我会有这个观点，原因之一或许是从小在家里就学到了。我父亲是一个不爱说话但很理性的人，而母亲相反，很容易动感情。每当母亲感情用事时，父亲常常会加以斥责。

比如，"孩子他爸，有家乡的亲戚来了，提出了这样的要求，我觉得不错，所以我想答应他"。每当母亲这么说时，父亲会说"等一等"，并要求母亲做进一步的说明，然后做冷静的分析，指出"这样做不妥"。

就母亲而言，既然是亲戚上门要求帮忙，就没想到要用理性思考，而是感情优先，而父亲通过冷静分析来说服母亲。可以说，母亲有点西乡的性格，而父亲的性格则倾向大久保。我经常看见父母之间你来我往的意见争论，这情景对我性格的形式，其实影响是很大的。

只用理性思考，只凭理性行动，那么谁也不会追随；而只凭感情思考和行动就会乱套，就会失败。为了事业的成功，首先要用理性思考，然后在凭理性行动的同时把感情添加进去，这是必要的。我很自然地感受到这一点，并在不知不觉中实践着。"稻盛先生是一位非常严厉的社长，对我们要求很严格，有时候会朝我们发火。但过后又会主动招呼我们，会不失时机地鼓励我们，让我们感觉格外开心。所以我们一直追随他。"我经常听到员工这样说。我反而有些疑惑。

我并不是处心积虑这么做。我本来是一个很重"感情"的人，但我告诫自己做工作不能单凭"感情"。我抑制感情，做事先按照理性，随后又很自然地流露感情，或安慰或鼓励。而员工感觉我有情有义。所以我这位社长确实很严厉，但员工愿意跟随我。

在中国开展事业的实例

大家作为企业经营者都在开展自己的事业。最近，我在经营中又碰到了这个"情"和"理"的问题，让我陷入深思。

京瓷准备在中国大规模开展事业，为此提拔了一位中国干部。因为是中国人当然中文很好，又在日本留学，日语很流利。不仅如此，他还能使用电脑，能写出漂亮的日语论文和信件，另外，还能讲英语写英语。他才能突出，反应特别敏锐。

但是委托给他做的事业却进展不顺。过了不久，他领导的不少中国人下属对他有意见，还把匿名信寄到我这里。这让我吃了一惊，我连忙调查。

他那么聪明，确实是个难得的优秀人才，为什么他在中国领导的工作却做不好呢？我非常信任和器重他，他对京瓷也很了解。同时，在中国他当我的翻译，所以也熟知京瓷哲学。另外，与中国的要人谈话时，我的语言中随时都有哲学，其中的意思他应该充分理解。还有，作为京瓷的干部他必须学习京瓷哲学，实际上他也应该是这么做的。

我问了他许多问题。他的回答让我很意外。他说:"稻盛名誉会长倡导哲学,讲作为人何谓正确,讲做人应该有的理想状态,我认为,这是场面上需要的大道理,目的是凝聚人心。"他还说:"管理人归根到底要靠力量。"

"那你对我宣导的京瓷哲学是怎么看的呢?"我再反问他。

"我认为京瓷哲学是场面话,是大道理,不讲这些理想的东西大家不会追随。而实际上,还是要靠权力治理,我想京瓷就是这么一路走来的"。

我不禁态度严厉起来,这样教育他:京瓷哲学不是大道理,不是装样子,它是治理企业的真髓。公司不是只靠"理",只靠理性就能治理的,也不是只靠"力",只靠权力就能治理的。依靠"情",就是靠感情治理,企业也会乱套。所以要靠哲学来治理。

哲学优先,但光靠哲学,有的部下就会藐视,"这个社长太好说话",对这种人就有必要动用权力。而且作为结果,这种人不妨请他辞职。

但是只靠权力压制,人们不会跟随。所以你要持有高迈的哲学,也就是说,必须正确灵活地用好理和情。做不到这一点谁也不愿跟随,只靠权力治理不了企业。

我就是这么教育他的。

经营为什么需要哲学:"中日企业经营哲学国际研讨会"摘录

不久前,在天津培训中心举办的"第一届中日企业经营哲学国际研讨会"上,我以"经营为什么需要哲学"为题做了讲演。当时那位中国干部也在场,还有来自各方面的好几百人参加。但是,实际上,我内心就想讲给他一个人听。我把这次讲演的一部分内容跟大家讲一讲。

回顾历史可以发现,资本主义诞生于基督教社会,特别是伦理道德严格的新教社会。也就是说,初期资本主义的推进者都是虔诚的新教徒。

著名的德国社会科学家马克斯·韦伯认为,他们贯彻基督教所提倡的"邻人爱",尊崇劳动,日常生活尽量俭朴,他们的基本信条是将产业活动所得的利润用于社会发展。

为此，企业必须以任何人看来都是正确的、光明正大的方法去追求利润，而其最终目的就是贡献于社会福利。也就是说，"为社会、为世人尽力"才是那些新教徒，也就是初期资本主义的伦理规范。

在日本也一样，在商业资本主义开始萌芽的江户时代中期，日本出现了一位名叫石田梅岩的思想家。

他认为"在商业活动中追求利润并不是罪恶，但行商必须正直，决不可欺诈，决不能有卑劣的行为"，他强调行商中伦理道德的重要性。另外，他还说，经商必须要做到"人我双赢"。

也就是说，在日本资本主义的萌芽期，"企业应该追求社会正义，企业人应具有高尚的伦理观"这个基本思想是相当普及的。

如此看来，无论是在欧美还是在日本，初期的资本主义被理解为一个"为社会做好事的系统"。其推进者力求通过经济活动来实现社会正义，为人类社会的进步与发展做出贡献。正因为有了这种高尚的社会伦理观，资本主义经济才得到了飞速的发展。

然而，具有讽刺意味的是，曾经作为资本主义发展原动力的伦理观，随着资本主义经济的发展反而逐渐被淡漠。不知从何时起，许多企业的经营目的和经营者的人生目标逐渐堕落到"只要对自己有利就行"的利己主义。制约人内心的伦理规范的丧失,导致先进的资本主义社会趋向堕落。

尤其是日本,因为缺乏像欧美各国那样的基督教的社会背景,第二次世界大战以后,人们一味追求经济上的富裕,而对道德、伦理以及社会正义的重视程度急剧下降。人们虽然获得了经济上的富裕,但是社会偏离了资本主义的本意,陷入颓废。

资本主义的本意绝不是只要为了赚钱就可以为所欲为。只有具备了严格的精神规范,资本主义才有可能正常地发挥它的功能,自由的经济活动才能够成立。然而遗憾的是,在现在的日本,这一最基本的观念却被人们淡忘了。

我认为,日本要从危机中重新站立起来,还有各先进国家要做到物质和精神两方面真正幸福,最重要的就是要确立新的精神规范和伦理观,并与广大国民共有。

特别是经济界,作为推动经济发展的经营者本身,必须重新认识支撑经济发展的伦理道德这一层面的重要性,确立从任何人看来都普遍正确的经营哲学,并以此严格自律。

观察中国的情况,贵国在坚持社会主义体制的前提下,引进市场经济的模式,实现了经济的高速增长。在我们看来,很多中国的经营者以市场经济的自由度从事经济活动,经济的繁荣举世瞩目。

如今"中国梦"在商业、制造业等领域层出不穷。谁都有成功的机会,受到周围实际成功者的影响,自己也要成功,自己也要成为富人,抱有这种进取心的人正在中国大量涌现。人民的热情、人民的能量正在推动中国蓬勃发展。

站在邻国的角度看,贵国国民的能量将越发高涨,贵国的经济还将有爆发式的发展。看到中国经济高速发展的态势,我衷心希望,贵国能够避免日本和其他先进国家所遭遇的问题,让贵国的经济今后依然能够持续健康发展。

为此,我希望中国社会的领导者和经营者不仅要学习欧美各国和日本最新的经营技巧,还要学习"不只为自己,也为社会追求利润"这样一种基本的哲学思想。

同时,要营造一种风气,就是整个社会都要认真思考"正义是什么""所谓光明正大是什么",在国民中提升"谦虚""勤奋""关爱"等重要的意识。如果能做到这一点,那么,中国将会成为更加富裕、更加美好的国家,全体国民都能切实地感受到幸福。

在27岁时我创立了京瓷。当初我不懂经营,经济知识和企业会计更是一窍不通。然而,既然当了经营者，既然开展了事业，就必须对接踵而来的各种问题做出判断。

虽说是一个只有28名员工的小公司，但是"这件事怎么办""那件事如何做"，许多事情都需要我做出决策。虽然没有经营知识和经验，但作为经营者，就必须对部下提出的各种问题做出判断。然而，应该以什么作为判断的基准，对此我感到非常苦恼。

当时，公司非常弱小，只要自己的判断出现一次失误，公司就有可能一蹶不振。一想到此，我就因担心而日夜不能眠。左思右想，烦恼之余，我得出了如下的结论。

因为自己对经营一无所知，所以就把"作为人，何谓正确"作为经营判断的基准。也就是说，我把作为人是正确的还是不正确的，是善还是恶作为经营的判断基准。

"正还是邪""善还是恶"是最基本的道德律，是从孩童时代起，父母、老师天天教导我们的朴实道理。如果用这些作为判断的基准，我觉得自己能够明白，我有这个自信。于是，我就以"作为人，何谓正确"作为判断基准，来处理京瓷经营中的各种问题。

我想，这与中国的老庄哲学相近，即与一切都要遵循自然之理的道教教义类似。对于企业经营我完全是一个外行，我就以这种最朴实的伦理观、道德律为基础来经营企业。

现在回想起来，我深深地体会到，缺乏经营经验的我，正是依靠这样一个最基本的伦理观和道德律来开展经营，京瓷才能获得现有的成功。

如果我学过一点经营的知识，或者有一点经营的经验，那么，我可能不会以"作为人，何谓正确"作为判断基准，而是以"能否赚钱"作为判断基准。我就会觉得与其拼命工作，不如学些投机取巧的办法轻松赚钱。如果我用这种态度经营企业，就不会有今天的京瓷。

我的这种经营哲学简单地说，就是把"作为人，何谓正确"这一判断基准作为原点，不论身处何种状况，都要追求正义和公正，把勇气、努力、谦虚、关爱等作为最重要的价值观予以尊重。

这样的经营哲学和思维方式超越时代和民族的差异，能够获得所有人的认同。因此，在京瓷公司所有员工都能理解这种哲学，接受和拥有这种哲学，而作为结果，员工就能够为了公司的发展而自觉地、不遗余力地拼命工作。

无论是进军海外，还是涉足不同的行业领域，甚至是收购企业，京瓷都揭示这种普遍正确的经营哲学，努力与员工共有这种哲学。全体员工齐心协力,就能取得事业的成功。

讲演结束以后,我对这位干部又说了下面一段话。

现在你在中国管理人的方法不对。我所讲的京瓷哲学绝不是场面上讲的大道理,而是真心话,老实话,我就是用京瓷哲学来治人治企业的。

当然仅仅依靠京瓷哲学,人们也许还不会追随,所以还需要规则。为了有条不紊、整齐划一统率队伍,需要权力,还需要纪律。但这种权力是后来自然形成的。而作为基础,需要京瓷哲学这样的思想武器。像你这样只靠权力治人,肯定要失败。

我一边说教,一边禁不住流泪,他也边听边流泪。近70岁的我边哭边教,这位超过40岁的学者也是流泪倾听。我们算是心心相印,有了共鸣。

过了几天他来信说:"用权威主义、用权力治人是行不通的,我从内心真正理解了这一点。我切身感受到了思想哲学的必要性。"他表达了深刻的反省。

这就是《心法:稻盛和夫的哲学》这本书中阐述的"情"和"理"。管人治人必须感情和理性兼而有之,两者必须恰当组合。

《心法：稻盛和夫的哲学》所谈的内容绝不是空洞的理论，这是我们身边发生的事实。今天前面讲的"好有好报"，后面讲的"情"和"理"，都是京瓷公司内部的讲话，也许不适合对外公开。为了让大家理解我倡导的哲学不是什么空话，而是依据事实的道理，我觉得给大家讲一讲是必要的。

今年最后一次塾长例会到此结束。谢谢大家。

要 点

造就我们人生的要素有两个，一个是某个人与生俱来的"命运"，另一个是这个人的思想、行为所产生的结果。再换一种表达，"命运"和"因果报应的法则"宛如DNA的双螺旋摄合在一起，构成了人生。

○

"因果报应的法则"或多或少要强于"命运"。因此，我们可以运用"因果报应的法则"改变与生俱来的"命运"。也就是说，想好事、做好事就能促使命运向好的方向流转。

企业经营中的"命运"和"因果报应的法则"

○

一方面,人的"命运"是既定的,它不因我们的愿望而改变。但另一方面,与"命运"并行流动的"因果报应的法则"却不然。运用这个法则甚至可以改变既定的"命运",这可以称为"立命"。如果是这样,我们就能够改变"命运",我想我们应该更有效地使用"因果报应的法则"。

○

要证明"命运"和"因果报应的法则"正确与否,本来就很困难。"命运"到底是怎么回事,我们无从知晓。做好事就会有好的结果,也很难有明确的形式表现出来。因为人生是由"命运"和"因果报应的法则"两个要素揉合而成。

○

当我们具备善的意识时,正好与宇宙中充满的"所有一切生命,祈愿你们好自为之"这一善的意识不谋而合。这种美好的个人意识与宇宙的意识波长吻合,此时,一切都会顺畅,事业成功,不断发展。相反,如果逆宇宙意识而动,结果必然失败。

○

开展事业的时候如果依感情判断、凭感情行动，势必乱套，以致不可收拾；如果依感情判断，再凭理性采取行动，仍会走错方向；如果依理性判断、凭理性行动，结果是谁也不愿追随。在事情的开始阶段，必须用理性思考，在实际执行阶段再融入情感因素，这才是恰当的做法。

○

只用理性思考，只凭理性行动，那么谁也不会追随；而只凭感情思考和行动就会乱套，就会失败。为了事业的成功，首先要用理性思考，然后在凭理性行动的同时把感情添加进去，这是必要的。

○

我的这种经营哲学简单地说，就是把"作为人，何谓正确"这一判断基准作为原点，不论身处何种状况，都要追求正义和公正，把勇气、努力、谦虚、关爱等作为最重要的价值观予以尊重。这样的经营哲学和思维方式超越时代和民族的差异，能够获得所有人的认同。作为结果，员工就能够为了公司的发展而自觉地、不遗余力地拼命工作。

企业经营中的"命运"和"因果报应的法则"

○

无论是进军海外,还是涉足不同的行业领域,甚至是收购企业,京瓷都揭示这种普遍正确的经营哲学,努力与员工共有这种哲学。全体员工齐心协力,就能取得事业的成功。

以"自利利他"精神进入中国

野村证券"中国机会研讨会"上的讲演
——2002年6月28日

2002年6月28日,在野村证券主办的、为纪念中日邦交正常化30周年而举办的研讨会上,稻盛做了主题讲演。这个研讨会围绕"反驳中国威胁论,建立中日共存共荣的关系"这一题目,提出方案,进行讨论。

为什么出现"中国威胁论"

近来,随着中日关系日趋密切,在日本"中国威胁论"开始抬头,这让我非常担心。21世纪的中日关系,应该是在相互友好的基础之上谋求两国共存共荣。我一直认为,营造这种良好的环境非常重要。

站在这个视角上,我想结合日本企业进入中国的形态,来探讨现在在日本产生"中国威胁论"的原因。

最近,日本有很多企业为了寻求生产据点而来到中国,观察进入中国的日本企业的形态,首先可以考虑的是,将生产委托给对方的中国企业。

在委托生产的情况下,日本企业在厂房、设备等所有的基础设施方面,全面地依靠中国一方。日本一方只是负责委托生产的产品的设计、款式,以及进行若干的生产指导,其他方面就全面依靠中国一方,用这种形态来生产产品。

还有一种,就是京瓷一开始采用的方法。厂房全部向中国租借,因为生产的是特殊产品,所以生产设备全部从日本运来,无偿地借给中方。而且,实际的生产由日本的技术人员来到现场,进行生产的工序管理和指导。但是，员工都由中国一方负责安排和管理。也就是说，与全面的生产委托不同，是设备投资由日方负责的一种形态。

在委托生产以外，还有一种合资的形态。这时候，出资比例有的是日本方面占少数，中国方面占多数。也有日本方面占多数，中国方面占少数的情况。另外，还有日本独资，就是日方100%出资的形态。

刚才讲了几种形态。为了委托生产而进入中国的日本企业，都想尽可能把投资风险降到最低，而确保自己的利润达到最大，这是日本企业的目的。因为不了解中国的情况，而且担心政治形态和其他社会条件将来可能会发生很大的变化，为此，日本企业要将投资风险降到最低，尽可能多获利润。在这种指导思想之下，所采取的形态就是委托生产方式，或者设立日方只占少数股份的合资企业。

在这种形态下，一方面，不管怎样，自己也就是日本一方的利益要最大化，这种意图就会放在首位。另一方面，中国一方的合作企业，不管是委托生产也好，合资企业也好，也想借着与日本企业合作的机会，谋求自己一方利益的最大化。因此，双方必然会产生有形无形的利害冲突。而且随着时间推移，中日之间的信赖关系就会损伤，最后导致商业关系的破裂，日本企业不得不撤退。据我所知，这种情况实际上多有发生。

结果会怎样呢？不管是委托生产也好，合资企业也好，日本一方回国后，之前拿到中国进行指导的技术、生产管理的方法、品质管理的方法以及员工教育等，自己在中国所做的一切都要放弃，而这些技术，以及受过教育的员工都留在了中国一方。然后，学习了日本这些技术和方法的中国企业不久就成了日本强有力的竞争对手。为此，之前友好的中日关系急转直下，类似近亲憎恶，陷入十分险恶的状态。这样的事例也不在少数。

事实上，我也认识几位有过这种经历的中小企业的经营者，他们异口同声说："不知道中国原来是这样的国家，倒了大霉，遭到很大损失，现在撤退了。"

听他们这么讲，我感觉到，他们真实的意图是"去中国大捞一把"，结果事与愿违，所以才怀恨在心。

还有一种情况，有的用合资方式，与中国方面基于友好关系一起经营生产性的企业，结果也不成功，最后也撤退了。究其原因，这种情况虽然不是为了投资风险最小化、利益最大化而搞委托生产或小比例投资，而是作为日本企业，为了维护日本方面的利益，日方占大股份或 100% 出资。这种情况，日方行为的出发点仍然是日本企业的利益最大化。本来必须"入乡随俗"，日本方面却想在一切方面都取得主导权。其结果，日本企业因为不了解中国的情况，就会发生意想不到的劳资纠纷，与中国的行政部门之间，在手续及规制等方面发生矛盾，产生各种各样的问题。

其中最大的问题是，当日方企业是大股东的时候，企业的经营干部大多数都由日本人担任。即使是进入美国和欧洲的日本企业，而且是长期持续经营的企业，至今仍然由日本人当一把手的情况也很普遍。特别是进入中国的日本企业，从一把手到各个部门的干部，几乎 100% 由日本人担任。

进入中国的欧美企业，就有安排当地的中国人当首席经营者的情况，但日本企业几乎没有。这种做法就会招致中方员工和干部的不满。这种不满情绪逐渐积累，结果，日本企业本该珍惜的中方骨干干部，或者作为合作伙伴与日方一起工作的经营班子的成员，也会觉得长期在日资企业干下去难以出人头地，于是辞职而去。

企业由日方100%出资，或者日方作为大股东进入，日方一方面想维护自己的权利，同时又想在中国构筑牢固的生产基地，但是，与中国当地的行政部门关系不好，或者发生劳务纠纷，或者与中国干部的信赖关系无法维持，导致中方干部辞职。这样的话，拿到中国的日本的技术、生产管理、经营管理的诀窍统统流向中国。与前面所说的情况一样，结果就是在中国制造了自己强劲的竞争对手。

进入中国，然后失败而归，这样的日本企业的经营者到处抱怨"倒了大霉"，宣传发泄对中国的怨恨。听到这种宣传的日本经营者也会开始讨厌中国。"中国威胁论"抬头，我想这也是可以举出的理由之一吧。

另外，价廉物美的产品从中国大量出口到日本，"这样下去，中国企业越来越大，输入日本的产品越来越多，在日本国内生产的日本企业受到严重打击"。从这种日本企业的危机感中产生"中国威胁论"，也是一个事实。

还有，贸易收支的不平衡问题。根据2001年日本贸易振兴会的调查，日本对中国的出口额是3.7万亿日元，而中国对日本的出口额是7万亿日元。也就是说，中国对日本大约有3万亿日元的贸易黑字，而且据说今后还有继续扩大的趋势。这样，日本的贸易收支就会出现很大的危机。在这一点上，也导致了从官方和民间来的"中国威胁论"的抬头。

"这样下去事态就严重了"，一部分人提出的意见是"因为中国人民币的汇率太低"。日本曾在1985年因为签订了广场协议，导致日元迅猛升值，结果降低了日本企业的出口竞争力。中国也应如此，应该通过提高人民币汇率来抑制中国企业的出口能力。这种意见在经济界开始出现。另外同时，中国企业之所以变强，从日本转移技术是重要的原因，所以有人提出，今后向中国输出技术要刹车。甚至有意见认为，日本政府对中国的规模很大的开发援助（ODA）以及日元贷款都应该削减。

构建中日共同发展的关系

这类意见多了，同时，听到撤退回来的日本经营者讲"有些中国人不诚实""有拜金主义倾向"等，据说这就在日本国民中滋生了对中国的厌恶感。或许确实存在着这种倾向。但是，即使存在这样的情况，我依然认为，日本企业进入中国，建立中日共存共荣、共同发展的关系，是绝对必要的。

众所周知，日本在21世纪存在少子高龄化的问题。因此，今后，当日本的劳动人口迅速减少时，日本的GDP，即国内生产总值将大幅下降，那样的话，日本经济将被逼入非常困难的境地。

如果要将日本经济维持在现有的状态，或者要再提高一个水平，那么就必须像过去欧洲各国所做的那样，日本也要大量接受移民，以维持日本的经济。然而，日本有法制上的问题，还有，考虑到日本自古以来的文化以及国民感情，我认为，大量接受移民的策略是难以指望的。所以，我认为，只有在外面寻求劳动力，只有把生产据点转移到亚洲近邻诸国，才能谋求日本经济焕发活力，除此之外没有别的办法。

我考虑，就从这个少子高龄化的问题来看，将生产据点向中国转移，无论如何也难以避免。

进入中国不可或缺的"自利利他的精神"

如果进入中国是不可避免的途径，那么日本企业进入中国，要最大限度地追求自身利益当然很重要，但同时，合作对方的中国企业、中国这个国家、地区社会，也都必须能够通过与日本企业合作，获取足够大的利益。我认为，也只有做到这一点才能说进入中国是成功的。

与我们日本企业想获得利益相同，对方也想趁这个机会获利，那是理所当然的。

我信仰并皈依了佛教。在释迦牟尼的教诲中，有"自利利他"这一说法。"自利"就是自己的利益，"利他"就是他人的利益。也就是说，所谓"自利利他"，就是自己想要获利而采取的行动、行为，同时也必须为他人、为对方带来利益。

在300多年前的京都，有一位思想家名叫石田梅岩，他倡导"商人道"。在封建时代，就是江户时代，所谓"士农工商"中，商人的地位最低。梅岩给了商人勇气，他指出："商人的身份绝不是卑下的。"与此同时，他也论述了商人应有的姿态。在梅岩的教导中有这样的话："真商人，让对方兴隆，我也兴隆。"也就是说，自己赚钱，对方也赚钱，这才是真正的商人。

我考虑，要把"自利利他"或者"对方兴隆，我也兴隆"作为信条，务必让对方获利。也就是说，必须抱有"利他之心""关爱体谅之心"进入中国，就是互相帮助的"互助精神"，也就是刚才所讲的"自利利他的精神"。缺乏这种精神，不管采用何种形态进入中国，时间一长，一定会发生摩擦和冲突，中日关系将更加糟糕，这是我所忧虑的。

首先保证对方的利益：京瓷进入中国

虽然只有很少一点经验，但我想说一说我进入中国时的情况。

京瓷进入中国，就是刚才讲到的，是从"委托生产"的形式开始的。首先，租借中方的楼房，将京瓷的制造装置、设备搬进去，无偿借给对方。然后，京瓷的制造负责人和与制造有关的技术人员从日本派过去，负责工厂的运行。作业人员以及现场的管理人员，全部由委托生产的中国企业一方派遣。

我认为这种做法非常好。因为就中国对方的企业而言，京瓷租借了一幢大楼，一开始，作为楼房租赁，对方就可以获得利益。而生产开始时，中国企业没有任何风险。

在此之上，因为要雇用许多员工，中国企业作为人才派遣方可以获利。也就是说，从生产委托的瞬间开始，中国企业就能保证获得楼房的租赁利益和人才派遣的利益，而且完全没有风险。相反，我们京瓷一方，把机械运来，设置好，然后运行，生产产品，向全世界销售，在这个过程中会产生风险。但首先保证中国一方的利益，我方的利益从今后的努力中追求就行。我就是抱着这样的想法打入中国。

我想这么做的结果是，我们与京瓷合作的对方企业，以及这个企业所在的地区社会，还有该地区的地方政府人员，都建立起了非常友好的关系，企业经营进展顺利。从委托生产开始以来，友好关系一年比一年加深。现在，相比与日本国内所有工厂所在的地方自治体的关系，我们与中国的关系要友好得多。我们之间已经建立了互相帮助、共同工作的非常融洽的关系。我认为，原因就是我方不让对方承担风险，一开始就考虑要让事情顺利进展。

后来，京瓷准备以合资方式大规模进入中国，当时的出资比例是京瓷占大头，中方相关企业占小头。一般来说，合资企业用资本金或从银行融资进行设备投资，然后生产产品。但是，当时是生产我们日方想生产的东西，所以我认为从日本把所有的技术拿过来是理所当然的。

搞合资企业，一般来说，刚开始时不会很顺利，第一年很辛苦，然后渐渐好转，大概三年、五年后才有利润。但是因为我们采取了下述策略，事业在早期就走上了正轨。

虽然合资企业我们占大头，但我们为对方企业提出了如下条件。

"在生产产品时，对于做出的成品，在成本之上加上5%的利润，用这个价格由我们京瓷回收，然后由我们向全世界销售。"

公司刚刚建立，还没有正常运行时，生产量不大，又因筹建阶段要花费各种费用，所以当时的成本非常之高，在这个成本之上加5%的利润后由我们回收，日本一方可能出现大笔赤字。但是，即便如此，我还是决定采取这样的形式开始经营。当然，此后我们一边拼命生产一边降低成本，并及时改进，使得在成本加上5%的利润之后，日方仍然能剩下足够的利润，我认为这是我们京瓷应该承担的责任。

这么一来，投资的中方企业一开始就能保证5%的毛利，所以非常高兴，而且这个利润还用来分红。我们用对方不承担风险，风险由我们承担的形式把事业开展起来。

刚才我讲了两个事例，无论是委托生产方式还是合资方式，京瓷都获得了很大的利益，对方也十分高兴，所以现在进展非常顺利。

我就是抱着这样的想法与中方企业一起经营，这正是前面讲的"自利利他"。同自己一样，对方也想获利，所以自己在追求利润的同时，要考虑让对方也得利。如果不是这种关系，经营活动不可能顺利。

我遵照2500年前释迦牟尼的教诲，讲了上面这些话，我认为，现代商业、现代的企业经营也必须遵循这样的原则。

日本企业今后应走的道路

另外，进入中国的时候，我认为必须注意下述事项。

第一，作为向中国转移生产据点的日本企业，我认为，不管怎样，还是有必要将附加价值高的产品制造据点留在日本国内。这里有几点理由。

首先,刚才已经提到,所有的日本制造业如果都把生产据点转移到中国,日本的贸易收支有可能跌入赤字。原本日本这个国家就靠加工贸易立国,靠所谓贸易黑字所获得的利润购买资材、食品以及所有的物品。这样的日本如果贸易收支跌入赤字,国际收支成为赤字,就无力从各国购买东西,能源进口会成问题。现在日本的食品大半都靠进口,那也将变为不可能。也就是说,制造据点大量移向中国,日本的国际收支就会亮起红灯。因此,我认为附加价值高的,能够产生足够利润的产品的生产据点无论如何还是应该留在日本。日本政府为了留住这种生产据点,应该拿出必要的优惠政策,以资鼓励。

其次,为了在后面支撑在中国设立的合资企业,以及委托生产企业,日本国内就必须有开发新的制造技术、更先进的生产技术的研究开发部门,能够持续不断地进行崭新的研究开发。从设计到生产技术、品质管理,以及其他方面,都要创造更高层次的东西。不这么做,如果日本没有让技术不断更新、提升的部门,就不能支持在中国的制造据点。从这一点来说,我认为也应该在日本留有制造据点。作为日本企业今后应走的道路，这是非常重要的。

应该把中国看作巨大的市场

第二，不是只把中国作为一个制造据点，还要把中国看作一个巨大的市场，由此展开经营活动。

据说日本的人工费是全世界最高的。日本的制造业在这种高昂的人工费条件下，为了把优良的产品以尽可能低的成本生产出来，这才来到中国。但是，不是把中国单纯作为制造据点，只考虑"低成本中国"，而要考虑中国是一个巨大的市场，这一点对于进入中国的日本企业来说，也是极其重要的。有关这一点，我是这么思考的：

战后，日本经济之所以获得快速发展，原因之一是美国给予了我们各方面的帮助。日本从战后的废墟中出发，一直发展到世界第二位的经济大国，在这个过程中，美国向我们提供了卓越的技术，同时美国那么巨大的市场也向日本开放。正因为这样，我们才能生产出有竞争力的产品并在美国销售。作为结果，战后的日本经济获得了巨大的发展。

中国这个市场，现在同欧美相比，也许还算不上一个巨大的市场，但是，考虑到中国的人口、国土，中国一定会成长为巨大的市场，而且根据我的观察，这种成长会是快速急剧的。一个经济富裕的中国一定是魅力无穷的市场。认真思考的话，过去我们日本企业把美国、欧洲作为大市场，在那里我们培育了实力。与此相同，我们必须将中国也作为一个大市场，所以我认为，今后日本企业在开拓中国市场方面应该倾注更大的力量。

日本企业应该变身为具备商社机能的公司

第三，日本的生产企业应该变身为具备商社机能的公司。

我刚才讲到，日本的厂家是为了廉价生产优质的产品，才把生产据点转向了中国，而且今后还会有更多的生产据点转向中国。这样，日本就必然会出现所谓制造业的空洞化，其结果，日本的国际收支就会恶化。为了预防这种情况，我提出要将一部分制造业留在日本。但即使如此，要将日本的国际收支、贸易收支维持在过去的水平上，也是极其困难的。

因此，我考虑，从日本来到中国，在中国当地从事生产活动的日本厂家应该变身为具备商社机能的公司。例如，刚才提到的京瓷的做法，在中国生产的产品在成本之上加5%的利润，由日本回收。尽可能用低成本制造，从一开始就保证合资对方有5%的利润。比如，这样回收的产品，从日本进入中国的企业，向日本出口不用说，还要向全世界销售。通过这个方法来确保日本一方的利益。

这种情况过去是靠商社，商社的人从我们厂家拿百分之几的利润，作为海外商谈的中介，帮助我们销售。现在与此不同，从商品的企划、定价、销售方法一直到实际的销售等，所有的事情都以厂家为主体进行。因为在中国，我们是用成本加上若干的赚头回购的，所以如果定价不当，由中日间人工费差额所产生的利润的一大半，就留在了厂家一边。这样回购的产品日本要向全世界出口。说从日本出口或许有语病，产品是从中国直接送往世界各地的，只是日本的总公司从票据上做了收购处理。正好有优衣库的例子，它将在中国委托生产的服装进口到日本销售，不仅作为商社，而且作为制造业，获得了很大的综合利润。

将生产据点移至中国的日本企业，如果作为具备商社功能的公司展开经营活动就能获得可观的利润。与过去在日本生产的体制相比，或许可以得到更高的利润。这样日本的总公司获取充分的利润就可以保障日本员工的雇用，而且可以防止日本国际收支的恶化。

这么思考的话，今后就更应该构筑与中国的友好关系。所以我一贯主张："不是敌对关系，而是构建互相补充、互相帮助的关系。从长远看，这对于中日关系的未来而言是非常重要的。"

我认为，对于中日两国来说，在互相体谅对方、互帮互助的基础上构筑共存共荣的关系，乃是当务之急。

另外，我认为，我们日本人应该抛弃一直以来持有的"一国繁荣主义"的思想，应该致力于整个亚洲的发展。亚洲整体经济发展了，作为结果，也会给日本带来很大好处。不只谋求自己一国的繁荣，而应该致力于整个亚洲的繁荣，日本现在应该积极地伸出援手。采取这种态度，日本就能得到亚洲各国的信赖，日本自己也能发展。这对于日本来说是十分必要的。

从这个意义上讲，现在在中日之间出现的煽动对对方国家恶劣感情的言论，以及渲染所谓"威胁论"的行为应该自我节制。

用王道文化与对方相处

在讲演结束之前，我还有话要说。在21世纪，中国在经济上将会有巨大的发展。即使将我们日本企业的协助，以及日本政府的援助搁在一边，我相信中国仅仅依靠自己的力量，也能够实现经济的大发展，大概不需要多长时间，中国就能跨入世界经济大国的行列。

这样的话，中国或许会依托经济实力强化军事力量，走上军事大国的道路。亚洲永久的和平与中国今后的动向息息相关，我认为这么说也不过分。我们日本国民、日本政府期待中国发展成卓越的经济大国，同时，因为中国今后的动向不仅对整个亚洲永久的和平，而且对世界和平也具有重大的意义，所以我们也十分关注。

此时此刻，我想起了孙文先生的讲话。1924年11月28日在日本神户高等女子学校，在当时的日本神户商工会议所，以及其他经济团体的人士面前，孙文先生发表了如下的讲演。1924年虽然我还没有出生，但是，这个讲演的内容非常了不起。今天在思考中日关系时，孙文先生的这段话极为重要，所以我想再次引用。

欧洲最近100年来的文化是什么文化呢？他们的文化是科学的文化，是功利主义的文化。这种文化用于人类社会就是所谓物质文明。欧洲的文化是用武力压迫人的文化。用武力压迫人，用中国古代的话说，叫作"行霸道"。所以欧洲的文化又是"霸道文化"。然而，在我们东洋，一贯以来鄙视霸道文化，存在着一种比霸道文化优越的文化。这种文化的本质就是仁义·道德。这种仁义·道德的文化用来感化人而不是压迫人。另外，这种文化是让人持有德性，而不是让人怀抱恐惧。这种让人持有德性的文化，用我们中国古代的语言来讲就叫作"王道"。所以亚洲的文化是"王道的文化"。

最后，孙文先生讲了这么几句话：

日本民族的各位先生，在一方面你们已经采用了欧美的霸道文化，而同时，在另一方面，你们又持有王道文化的本质。今后，日本面对世界文化，究竟是充当西洋霸道的看门狗（番犬），还是成为东洋王道的捍卫者（干城），这是日本国民应该慎重思考的问题。

孙文先生告诉日本的听众，今后，日本民族是选择欧洲的霸道文化、力的文化呢，还是采用东洋的王道文化、德的文化呢？很遗憾，结局是，日本在此后没有听取孙文先生的忠告，采用了欧美的霸道文化，也就是力的文化，提倡富国强兵，一泻千里，终于在1945年战败，迎来了悲惨的下场。

孙文先生主张采用东洋的王道文化，就是所谓仁义·道德，就是以德来开导人。我认为，日本企业进入中国，也要用这种"王道文化"，就是仁义·道德，就是用德与对方相处，这是非常重要的。同时，中国今后成了经济大国，在增强了军事实力之后，中国自己也要认真考虑，是采用欧美的霸道文化呢，还是采用中国自古以来的王道文化呢？中日关系对整个亚洲的和平有巨大影响。中日携手，在自古以来就有的亚洲王道文化的基础上构建友好关系非常重要。我想，趁中日邦交正常化30周年的机会，我们必须再次用心思考，努力构筑中日两国更加友好的关系。

要　点

我考虑，要把"自利利他"或者"对方兴隆，我也兴隆"作为信条，务必让对方获利。也就是说，必须抱有"利他之心""关爱体谅之心"进入中国，就是互相帮助的"互助精神"，也就是刚才所讲的"自利利他的精神"。缺乏这种精神，不管采用何种形态进入中国，时间一长，一定会发生摩擦和冲突，中日关系将更加糟糕。

○

同自己一样，对方也想获利，所以自己在追求利润的同时，要考虑让对方也得利。如果不是这种关系，经营活动不可能顺利。

○

为了支撑在中国设立的合资企业，以及委托生产企业，日本国内就必须有开发新的制造技术、更先进的生产技术的研究开发部门，能够连续不断地进行崭新的研究开发。从设计到生产技术、品质管理，以及其他方面，都要创造更高层次的东西。不这么做，如果日本没有让技术不断更新、提升的部门，就不能支持在中国的制造据点。

○

一个经济富裕的中国一定是魅力无穷的市场。认真思考的话，过去我们日本企业把美国、欧洲作为大市场,在那里我们培育了实力。与此相同,我们必须将中国也作为一个大市场。

○

将生产据点移至中国的日本企业,如果作为具备商社功能的公司展开经营活动,就可能获得比过去在日本生产更高的利润。这样就可以保障日本员工的雇用,而且可以防止日本国际收支的恶化。

○

我们日本人应该抛弃一直以来持有的"一国繁荣主义"的思想,应该致力于整个亚洲的发展。亚洲整体经济发展了,作为结果,也会给日本带来很大好处。不只谋求自己一国的繁荣,而应该致力于整个亚洲的繁荣,日本现在应该积极地伸出援手。采取这种态度,日本就能得到亚洲各国的信赖,日本自己也能发展。

○

孙文先生主张采用东洋的王道文化,就是所谓仁义·道德,就是以德来开导人。我认为,日本企业进入中国,也要用这种"王道文化",就是仁义·道德,就是用德与对方相处,这是非常重要的。

日本人的经营能超越国界吗

在日经·IMD 纽约经营研讨会上的讲演
——2001 年 3 月 5 日

  2001 年 3 月 5 日由日本经济新闻社和瑞士商学院·IMD 共同举办的纽约经营研讨会开幕，稻盛作为国际企业的代表人之一，从日本人的精神性这个观点出发，阐述了全球经营的要诀。

接连从海外撤退的日本企业

我就是刚才承蒙介绍的稻盛，世界经济扩展到了全球，在这个过程中，为什么对日本人来说，在海外的经营会那么困难。有关这个问题，我想谈谈我的想法。

在论述我的观点之前，我想回顾一下，日本企业在海外经营的实际情况。

日本从20世纪80年代中期开始，在日元升值、美元贬值的背景下，以美国为中心，增加了在海外的投资。特别是在泡沫经济时期，许多日本企业争先恐后进入美国发展。但是，直到今天，获得成功并在继续成长发展的事例非常之少，事业失败、蒙受损失，最后撤退的例子非常之多。

例如，日本的金融机构在20世纪80年代后期以纽约为中心设立了现地法人，打算积极地打进美国，但听说现在很多事务所都关闭了，即使继续驻留，也缩小了规模。

还有，在同一时期，日本企业对美国不动产的投资也很活跃。但是现在，能够维持这些不动产并能正常经营的例子很少，高额购进的不动产只能低价出手的企业很多。

我想制造业也相同。许多企业在日元升值、美元贬值的背景下，在美国开始当地生产，或者收购美国企业，但现在还在顺利经营并取得利润的企业也很少。

这样，因为在海外的事业拓展失利，日本的经营者对于海外的事业经营似乎失去了自信。日本对美国直接投资的金额从1989年的4.37万亿日元，降到1998年的1.32万亿日元，降至1/3以下，这个数字也很清楚地说明了这一点。

影响企业经营的"文化"差异

为什么日本人在美国等海外开展事业时，成功会变得很困难呢？

我认为，原因在于日本的"文化"与欧美的"文化"之间的差异。所谓文化，包括衣食住在内的日常习惯、社会制度、思想和艺术，以至人的情绪、构成社会的各种要素，所有这些统称为"文化"，而这种文化，是各个国家在漫长的历史中培育的。那么，日本文化又是什么呢？

日本尽管只是由四个小岛组成的岛国，但四季分明，海货山货物产丰富，在历史上是一个富饶的国家，没有超越国界遭受别的民族侵略、统治的经历，同时，超越国界统治他民族的情况几乎也没有，只是在20世纪前半叶有过几次。

当然在国内，战国时代群雄割据，战乱不断。但即使在那样的时代，胜利者对于失败者也是非常宽大的。例如，战争胜利的征服者只是取了败军之将的首级，而加害于下层兵卒和一般居民的情况几乎没有。

然而，欧洲有史以来，关乎各个国家和民族存亡的战争反复交替。在不间断的国家兴亡的历史中，不管哪个国家和民族，都积累了超越国界统治他民族，或者被他民族统治的经验。这种经验与日本不同，作为战胜方的征服者会把失败者的被征服一方当作奴隶，就是彻底地支配他们，让他们彻底地服从。

这种欧美与日本历史的差异，在培育各自的固有文化的同时，也会在很大程度上影响企业的经营。例如在商业世界，两者的经营模式有如下的很大差别。

风格迥异的日美欧的经营模式

欧美的企业在海外经营时，会与自己国内一样，采取自上而下的方式，明确权限和责任，是所谓金字塔型的彻底的管控结构。与此相对照，日本企业在海外经营的时候，即使领导人交替，它的组织运行还是温和的，不会有剧烈的变动，权限和责任体制不太明确，所有的事情主要靠协商和沟通来决定。

另外，在欧美，企业用实力主义评价员工，而员工则会流向对自己评价高的企业，所以是一种流动性非常大的雇用形态。与此不同，一直到最近，日本虽然也对员工做业绩考核，但报酬的差距较小，员工在年功序列的框架中，得到终身雇用的保障，待遇上的差异非常小。

这种待遇上的平等主义在工资上表现得最清楚。例如，在日本，一个上市企业的领导人与新员工之间工资的差距是10～15倍。从对社会的贡献度来看，完全不应该是这种比例，但因为视过分突出为不良的国民性，以及平等主义的社会共识，人们期望工资体系中的差别不要过大。但是在美国，工资差几十倍的情况司空见惯。

另外，相对于欧美是"契约社会"，日本是所谓"信用社会"。在日本的商业交往中，归根到底，基本的东西都没有明文化，互相之间存在信赖和信用，契约书（合同）在很多情况下只是用来确认这种信赖关系。因此，当生意发生纠纷时，在欧美就会对照契约书，在法庭上争胜负；而日本人尽量避免官司，总是希望用对话解决问题。

这类纠纷，在欧美谁胜谁负的结果一定非常明确；而在日本往往是所谓"各打五十大板"，双方都要忍受痛苦，经常有这种含糊的判决，而且多数都是在去法院争执之前靠自行协商解决。这也许是因为自从圣德太子从604年颁布"十七条宪法"，倡导"以和为贵"以来，不喜争斗已经成为国民习性的缘故吧。

我想，这种温厚的习性影响了日本人的性格，遇事不做明的意思表示。另外，不明确表达意见，就是不肯清楚地说"是"还是"不是"，在海外，在企业内，在拥有众多员工的组织内，日本人的这种性格很难发挥好作用。其结果，会把组织引向错误的方向，甚至引向破灭。但是在日本人与日本人之间，即使不明确表达"是"还是"不是"，即使意思表示得非常含糊，双方还是能够明确理解对方的意思，彼此心心相通。

京都就有这样典型的例子。去拜访京都的商家，因为话语投机，不知不觉已到黄昏，这时候，对方会说"怎么样，就在这里吃点泡饭吧"，但是，你决不能接受。

实际上，对方说这话表示的意思是"已经到了你该回去的时候了"，但对方顾忌这么直截了当地说话会让你不愉快，所以委婉地表达了这种意思。而你这一方也察知了对方的意思，所以不管对方口头上怎么殷勤地劝你留下，你也要说"不了，不能久留了"，这样告别就符合了礼仪。

不懂这种相互默契规矩的人会说"那我就在这里吃了"，接受了对方的劝请。那就会被看作乡巴佬，不懂礼仪规矩。这个例子说明：因为明确表达自己的意见而伤害对方的心情，日本人忌讳人际关系中发生这种不和谐、不愉快。这就是日本人处理人际关系的特征。

这在企业经营的现场也一样。日本企业里有"不言不语""以心传心"的说法，相互之间不将意思表达明确，也能凭默契做好工作。例如，日本有句话："听一知十"，上司只要把工作的意图、目的说明白，接着部下自己就会考虑具体的实施方法，这样推进工作被认为是好样的。

然而，欧美国家的人为了在不同民族、不同文化的背景中经营企业，就会将工作标准化、系统化，制定操作规程，让大家都懂且能用，也就是确立管理体制。

日本人在海外开始经商时，也会简单地引用欧美式的管理体制。但是，在丰富的大自然中，作为和平的农耕民族孕育了独特文化的日本人，与在民族、国家衰亡的危机中经历锻炼的欧美人不同。日本人只会从形式上采用欧美式的管理体制，结果半生不熟。

我认为，这就是日本企业的跨国经营之所以困难的根本原因。既不是日本式的经营，又不是欧美式的经营，模棱两可、摇摆不定，所以海外事业无法顺利展开。

这里必须要想清楚的是，日本人自古以来孕育的独特文化是不是真的与国外无法沟通，都是必须克服的缺点呢？

不应该否定的日本人的精神性

确实，日本人"以和为贵"的态度，不表达明确意见的习性，不喜欢突出个性，"枪打出头鸟"的社会习惯，近于形式平等的平等主义，差距过小的工资体系等，所有这些，在海外的企业经营中，在要求坚强果断的领导力的时候，是不合适的。

企业经营中的领导力，首先要求提出明确的企业目的和使命。然后，需要将这种目的和使命向整个组织彻底渗透的统率力，以及意志力、执行力、决断力、分析力等各种各样的资质。

从这个意义上讲，日本人态度含糊的性格，不喜欢突出的领导力的性格，在海外的经营中会成为障碍。这一点是日本人应该承认的弱点，应该努力加以克服。但是，日本人在自己的文化中培育的"精神性"是不是应该一概否定呢？我认为决非如此。

例如，日本人所具备的细腻的"美意识"，共同拥有的"触景生情"的独特观念，它表达了优美，表达了伴随细微忧伤和喜悦的心灵律动，这是很难向欧美人解释清楚的微妙感受。在每个日本人的心中，都有这种旋律，将日本人深沉的情感形象化。

还有，日本人构筑的人际关系看重真心实意。因为未受外族的侵略，习惯了和平生活，所以形成了"相信人的善意，很少怀疑别人"这样的人际关系。以诚实、信赖、信用为前提的人际关系对现代日本的企业有着深刻的影响。

还有，具备对于工作的独特价值观。例如，"制造器物要准确精细"；从勤奋工作中获得喜悦的劳动观；"当无名英雄，在背后卖力"。这类朴实的人生态度受到人们的认同，成为社会的共识。正因为具备这样的价值观，工作就会精益求精。经日本人的手做出来的工艺品精致美妙，常让外国人羡慕，赞叹不已。

另外，日本人认为谦虚是一种美德。这同欧美人个性张扬、自我主张强烈正好相反。正因为如此，被人批判缺乏主体性，日本人也并不在意。自己谦逊，让对方受到鼓励，体贴对方的情绪，日本人具有这种思维方式。

还有，日本人具有独特的宗教观。在日本人的观念中，这个世界上的森罗万象，都有神灵驻宿。这种观念与基督教等的"一神教"有很大的区别。这样的思维方式教育日本人对于一切存在都要抱慈爱的态度，要珍惜大自然。

我想，日本人的这种精神特性在许多格言、谚语中表现得淋漓尽致。

例如,"好心有好报"这句话在日本社会流行,意思是"祈愿别人好,这种行为不仅对别人有利,而且善报一定会返回到自己身上",就是善必有报的意思。

同样,在中国的古典里,"积善之家,必有余庆"这句话也是众所周知的,意思是"常常积累善行的人家,善报一定会延及子孙"。我认为,这是与日本人的心景相符合的。

在商业的世界里也一样。例如日本人把"为对方好"当作经商的规范。在距今300年前的江户时代,石门心学的鼻祖石田梅岩触及了商业的精髓,他说:"真正的商人考虑的是让对方赚钱,自己也赚钱。"真正的商人要让对方高兴,自己也高兴。这就是石田教诲的经商之道。这一观念一直延续到今天,形成了日本商业道德的基础。

我认为,日本人的这种精神性还可以用下述词汇来表达:诚实、正直、真挚、谦虚、感谢以及慈爱。

这些朴实的词语都是我们在孩童时代父母和老师所教导的。同时,认真思考的话,这些词汇所表达的概念绝不是日本独特的东西,基督教以及其他所有的宗教都教人"与人为善"。不论东方还是西方,凡是人都应该重视并遵守这样的规范。

也就是说，日本人在漫长的历史中所培育的精神性绝不是什么特别的东西。它在全世界任何地方都通用，是所有人都应该具备的态度。同时，这种高尚的精神性、高迈的伦理观，在现代的商业世界里也是必需的。日本人在漫长的岁月里构筑了世界上少有的和平协调的社会，在迎来21世纪时，在全球化越扩越大的世界里，这种高度的"伦理观"是必不可缺的。

因此，我认为，日本人在从事海外事业的时候，对于从日本的"文化"中培育起来的日本的"精神性""伦理观"应该抱有自信，应该主动积极地倡导。当然，有一句俗话叫"入乡随俗"，按照当地的实际情况，对于欧美管理体制中优秀的东西，该吸取的就要吸取，该学习的就要彻底地学习。

换句话说，如果能够实践真正意义上的"和魂洋才"，日本人的经营一定能够跨越国界。

"和魂洋才"的经营

实际上在美国，我就是依据这一观念开展经营的。只是非常粗浅的经验，我想介绍两个例子，都是我在美国不断实践、不断修正的经营经验。这样的事例让我实际感受到,以日本人所看重的精神性和伦理观为基础经营企业,在美国也是行得通的。

第一个例子是京瓷集团在北美的总公司。该公司的成立要追溯到1969年,它是京瓷为了打开美国市场,最早在美国设立的销售据点。1971年京瓷收购了一家美国半导体公司属下的一个小型陶瓷工厂,开始在美国当地生产产品,作为日本企业,出手算是非常早的。后来,随着在北美事业的扩展,这个公司成了京瓷在北美的指挥中心,并成为北美各分公司的持股公司,一直到今天。

我在经营这家现地法人企业的时候,对于美国的商业习惯和经营手法中应该吸取的东西,都积极地吸收。同时,在经营中,我也非常重视前面讲到的精神性和伦理观,这是人们普遍认同的正确的东西。

例如,如前所述,在日本领导人与员工之间的工资差异较小,相对均衡,而在美国的经营中,虽然我们一开始就没有采用股权激励,但是为了提高经营高层人员的积极性,给予了干部相当高的工资,也就是采用了欧美式的工资体系。

但在同时，为了感谢全体员工的辛勤劳动，我们像在日本一样，给社长以下的全体员工发放奖金，让全体员工共同分享喜悦。还有，在推进工作的过程中，不是一味地自上而下，而是尽可能交流商量，加深互相理解，这样来把工作做得更好。

再进一步，我认为，在企业经营中最重要的是经营的基本理念，也就是经营哲学。同在日本一样，我们把"作为人，何谓正确"当作最基本的思维方式，从最高领导到普通员工，全员学习，全员共有。为此，倾注精力，务求彻底。

这个总公司的社长出任社长已有14年。他原本是公证会计师，从1979年进公司担任财务部门的负责人算起，在我们公司的工龄已有22年之久。

另外，这个总公司旗下的几家美国子公司的社长，全都是在这家公司成长提拔起来的干部。京瓷在美国也同在日本一样，倡导"同吃一锅饭，同甘共苦"的人际关系，志同道合，齐心协力经营企业。

对于美国的经营干部来说，不断跳槽，经历不同公司，积累各种经验，就可以提高自己的个人价值。在美国的这种雇用形态中，我们这些社长却对京瓷的企业哲学抱有深刻的共鸣，对公司抱有执着的爱心，因而能够在京瓷集团长时间地执掌经营之舵。

企业内刊上登载了北美总公司社长在一次座谈会上的讲话。我认为，这个讲话集中表达了这些社长的心声。

"由于国家和民族的不同，文化也有差异。然而，经营企业的哲学，度过人生所需要的原理原则，归根到底是相同的。比如，在工作上必须努力做出成果；必须考虑对社会做出贡献；相信崇高的宇宙法则。所有这些，不管对于哪种文化、哪种宗教，都应该是真理，都具备普遍性。

"由于文化的差异会产生各种障碍，也会因欲望得不到满足而有烦恼。然而，正是在克服这种沮丧情绪的过程中，我发现了一种心灵的纽带。我自己是基督教徒，在超越宗教差别的精神层面上，我觉得自己身处京瓷集团也完全没有矛盾。共有高层次的哲学、理念、理想，就一定能够克服任何障碍。"

顺带说一下，在1970年3月创立这个当地法人的第一个年度，公司的销售额只有100万美元。但现在2000年3月这一期销售额已达10亿美元，增长了大约1000倍。

"为对方好"：AVX 收购成功的原因

另外一个事例，就是京瓷在大约10年前收购世界有名的电子零部件企业（AVX）的事情。在收购时，首先与对方企业达成协议，采用股权交换的方式，并决定了股权相互交换时的汇率。但是，这家电子零部件企业的经营者却以股价变动等为理由，一而再再而三地要求更改股权交换汇率，以有利于自己的公司。

京瓷的美国顾问律师一致反对，他们认为，既然双方已经达成协议，就不应该变更。但我经过认真考虑，确信即使做出最大限度的让步，这项事业仍然可以成功，所以我屡次答应了对我方不利的变更条件。同时，在收购以后，这家公司的公司名称以及原来的经营班子都原封不动，不做任何改变。

这是因为我觉得，企业的买卖或并购是文化完全不同的企业合二为一，是所谓企业与企业间的结婚，应该尽可能为对方着想，为对方好。

这样做的结果是，这家企业的股东获利颇丰，都非常高兴。经营干部和员工也一样，他们并没有因为自己的公司被远东一家日本企业收购而产生反感情绪。京瓷和这家电子零部件企业从一开始就沟通顺畅，组成一个企业集团开始了启航。

在这家电子零部件企业的经营中，一方面，我实践了"为对方好"的理念。另一方面，"入乡随俗"，对于股权激励等美国企业经营所需要的制度以及商业惯例，我都毫不犹豫地努力引进。

当然，如前面所述，对于"作为人，何谓正确。正确的事情必须正确地贯彻"这一企业哲学，在收购后立即召集干部开会讨论，我自己充当讲师，与大家反复议论，力求全员的理解和接受。

这样做的结果是，这家公司在收购后仅仅五年就在纽约证券交易所重新上市。而且上市后继续发展，2000年的销售额与合并前相比，增长了四倍，达到16亿美元，利润扩大到12倍，达到2.5亿美元。因为在纽约证券交易所再次上市，它给京瓷带来了高达约2500亿日元（2001年1月31日）的溢价收入。

然而，我自己虽然忘了，但有关这家电子零部件企业的收购以及此后发展的背景，《福布斯》在五年前登载了下面一段内容：

"20世纪70年代初期，京瓷决定从某家美国企业引进技术，缔结了技术专利合同。合同书中包括一项条款'京瓷生产该产品可以向全世界销售，且在日本国内京瓷具有独家销售权'。但这家公司后来对京瓷提出要求说'虽然缔结了合同，但仔细推敲后觉得这一条不公平，所以希望删去'。当然，因为双方已经签订了合同，京瓷完全没有必要同意这一要求，但是，京瓷却接受了这项请求。"

我确实回想起来了，我接到了对方的来信，最初我想拒绝，但是，我重新回到原点思考，"作为人，何谓正确，怎样判断才算公正"，最后决定接受它的这一要求。

这家公司正是我10年前要收购的电子零部件企业。这家公司的现任会长清楚地记得这件事，他在《福布斯》杂志上说了这么一番话：

"我们知道，我们对京瓷提出的要求不尽合理，但让我们吃惊的是，京瓷居然接受了。京瓷这么做，看起来是失去了获取更大利润的权利，但是，我们从这时产生的对于京瓷的信赖感成了基础，促使今天的收购取得成功。短期看来牺牲自己公司利益的这一判断，长期看却收获了莫大的利益。"

也就是说，20年前，京瓷不惜自己受到损失，做出更加公平的、"作为人应该做的正确"的判断，促进了互相之间的信任和尊敬，营造了合适的土壤，不仅使后来的收购取得成功，而且现在依然频结硕果。其实，这也不过是我在前面讲到的，把诚实、正直、真挚、谦虚、感谢以及慈爱等做人普遍正确的精神性和伦理观在美国的企业经营中加以贯彻而已。现在我就是这么想的。

这两个事例虽然属于"王婆卖瓜，自卖自夸"，但是我认为，这可以说是一种成功的事例，就是立足于日本人所具备的精神性和伦理观，立足于做人应有的姿态、应有的思维方式，跨越国界经营企业获得成功的例子。

再回到"日本人的经营能够超越国界吗"这个命题。像过去那样，仅仅在形式上采用欧美的管理体制，半生不熟，就不可能成功。当然，对于欧美管理体制中应该学习的部分，应该坚决采用，但同时，由日本文化培育的、日本人原本具备的高尚的精神性和伦理观，也就是作为人被认为是普遍正确的原理原则，必须从正面彻底地加以贯彻，才有可能取得成功。

我认为，在21世纪，真正适用于全球化的、所谓普遍正确的经营，要求合理，要求高度的体系化是理所当然的，但其根基必须扎在人类共通的精神性和伦理观之上。从这个意义上讲，日本企业在抱有谦虚学习态度的同时，应该具备自信，应该在自己相信的道路上向前迈进。

要 点

企业经营中的领导力，首先要求提出明确的企业目的和使命。然后，需要将这种目的和使命向整个组织彻底渗透的统率力，以及意志力、执行力、决断力、分析力等各种各样的资质。从这个意义上讲，日本人态度含糊的性格，不喜欢突出的领导力的性格，在海外的经营中会成为障碍。这一点是日本人应该承认的弱点，应该努力加以克服。但是，决不能因此否定日本人在自己的文化中培育的"精神性"。

○

日本人的"精神性"可以用下述词汇来表达：诚实、正直、真挚、谦虚、感谢以及慈爱。这些朴实的词语都是我们在孩童时代父母和老师所教导的。这些词汇所表达的概念绝不是日本独特的东西，基督教以及其他所有的宗教都教人"与人为善"。不论东方还是西方，凡是人都应该重视并遵守这样的规范。也就是说，日本人在漫长的历史中所培育的精神性绝不是什么特别的东西。它在全世界任何地方都通用，是所有人都应该具备的态度。同时，这种高尚的精神性、高迈的伦理观，在现代的商业世界里也是必需的。

○

因此，我认为，日本人在从事海外事业的时候，对于从日本的"文化"中培育起来的日本的"精神性""伦理观"应该抱有自信，应该主动积极地倡导。当然，有一句俗话叫"入乡随俗"，按照当地的实际情况，对于欧美管理体制中优秀的东西，该吸取的就要吸取，该学习的就要彻底地学习。换句话说，如果能够实践真正意义上的"和魂洋才"，日本人的经营一定能够跨越国界。

○

"日本人的经营能够超越国界吗？"仅仅在形式上采用欧美的管理体制，半生不熟，就不可能成功。对于欧美管理体制中应该学习的部分，当然应该坚决采用，但同时，由日本文化培育的、日本人原本具备的高尚的精神性和伦理观，也就是作为人被认为是普遍正确的原理原则，必须从正面彻底地加以贯彻，才有可能取得成功。

○

在21世纪，真正适用于全球化的、所谓普遍正确的经营，要求合理，要求高度的体系化是理所当然的，但其根基必须扎在人类共通的精神性和伦理观之上。从这个意义上讲，日本企业在抱有谦虚学习态度的同时，应该具备自信，应该在自己相信的道路上向前迈进。

过立门　译

曹岫云　审

"日本经营之圣"稻盛和夫经营实录
（共6卷）
跨越世纪的演讲实录，见证经营之圣的成功之路

书号	书名	作者
978-7-111-57079-0	赌在技术开发上	[日]稻盛和夫
978-7-111-57016-5	利他的经营哲学	[日]稻盛和夫
978-7-111-57081-3	企业成长战略	[日]稻盛和夫
978-7-111-59325-6	卓越企业的经营手法	[日]稻盛和夫
978-7-111-59184-9	企业家精神	[日]稻盛和夫
978-7-111-59238-9	企业经营的真谛	[日]稻盛和夫

最新版
"日本经营之圣"稻盛和夫经营学系列
任正非、张瑞敏、孙正义、俞敏洪、陈春花、杨国安 联袂推荐

序号	书号	书名	作者
1	978-7-111-63557-4	干法	[日]稻盛和夫
2	978-7-111-59009-5	干法(口袋版)	[日]稻盛和夫
3	978-7-111-59953-1	干法(图解版)	[日]稻盛和夫
4	978-7-111-49824-7	干法(精装)	[日]稻盛和夫
5	978-7-111-47025-0	领导者的资质	[日]稻盛和夫
6	978-7-111-63438-6	领导者的资质(口袋版)	[日]稻盛和夫
7	978-7-111-50219-1	阿米巴经营(实战篇)	[日]森田直行
8	978-7-111-48914-6	调动员工积极性的七个关键	[日]稻盛和夫
9	978-7-111-54638-2	敬天爱人:从零开始的挑战	[日]稻盛和夫
10	978-7-111-54296-5	匠人匠心:愚直的坚持	[日]稻盛和夫 山中伸弥
11	978-7-111-57212-1	稻盛和夫谈经营:创造高收益与商业拓展	[日]稻盛和夫
12	978-7-111-57213-8	稻盛和夫谈经营:人才培养与企业传承	[日]稻盛和夫
13	978-7-111-59093-4	稻盛和夫经营学	[日]稻盛和夫
14	978-7-111-63157-6	稻盛和夫经营学(口袋版)	[日]稻盛和夫
15	978-7-111-59636-3	稻盛和夫哲学精要	[日]稻盛和夫
16	978-7-111-59303-4	稻盛哲学为什么激励人:擅用脑科学,带出好团队	[日]岩崎一郎
17	978-7-111-51021-5	拯救人类的哲学	[日]稻盛和夫 梅原猛
18	978-7-111-64261-9	六项精进实践	[日]村田忠嗣
19	978-7-111-61685-6	经营十二条实践	[日]村田忠嗣
20	978-7-111-67962-2	会计七原则实践	[日]村田忠嗣
21	978-7-111-66654-7	信任员工:用爱经营,构筑信赖的伙伴关系	[日]宫田博文
22	978-7-111-63999-2	与万物共生:低碳社会的发展观	[日]稻盛和夫
23	978-7-111-66076-7	与自然和谐:低碳社会的环境观	[日]稻盛和夫
24	978-7-111-70571-0	稻盛和夫如是说	[日]稻盛和夫
25	978-7-111-71820-8	哲学之刀:稻盛和夫笔下的"新日本 新经营"	[日]稻盛和夫